고분벽화로 본 고구려 이야기

전호태 지음

고분벽화로 본 고구려 이야기

풀빛

고구려를 어떻게 볼 것인가

고구려를 어떻게 볼 것인가. 최근 많은 이들이 우리의 고대사, 특히 고구려의 역사에 관심을 보이고 있다. 관심의 초점은 우리 고대의 왕조인 고구려가 얼마나 '강인하고 위대한 나라' 였는가에 있다. 고구려가 과연 강인하고 위대한 나라였는지, 고구려가 실제 어떠한 나라였는지에 대해서는 대부분 묻지도 않고 알려고도 하지 않는 듯하다.

고구려는 과연 어떠한 나라였을까. 고구려 사람들은 어떤 생각을 하고 어떻게 행동했을까. 무엇을 어떻게 믿었으며, 왜 그러한 믿음을 가지게 되었을까. 무엇을 먹었고 어떻게 입었으며 어디에서 잤을까. 사람과 사람 사이는 어떠했고, 사람과 마을과 나라의 관계는 어떠했을까. 한국 고대사에서 고구려사의 위치에 대해 평가하려면 먼저 고구려와 관련된 이와 같은 구체적 사실들을 알아야 하는 것은 아닐까.

필자는 학계에서 한국 근현대사 연구가 활발히 진행될 때에 공부를 시작하였다. 당시 연구자들의 관심은 근현대의 사회경제분야에 쏠려 있었지만, 필자는 우리 역사의 어떤 부분이나 분야라도 소홀히 되어서는 안된다는 생각에 고대문화사를 전문 연구분야로 택했다. 지난 시대 사람들이 처했던 사회경제적 조건을 알아내는 것도 중요하지만, 당시 사람들이 자신과 그 주변을 어떻게 보았으며 이웃과 어울려 어떻게 살았는지에 대해 구체적으로 아는 것도 중요하다고 생각했기 때문이다. 또 개인적으로도 그러한 부분에 관심이 많았다. 필자가 고구려 고분벽화를 기본자료로 삼아 고구려인의 삶과 사유를 되살리는 데에 몰두하게 된 것도 이러한 생각과 관심 때문이었다

고구려를 있는 그대로 보기 위해, 필자는 고구려인이 남긴 자취나 흔적과 직접 대면하는 방법을 취했다. 그래서 그들의 모습, 삶과 신앙을 그대로 담고 있는 고분벽화를 각 항목의 중심 표제로 삼고 여기에 설명을 더하는 형식으로 책을 준비하였다. 제1부에서는 고구려의 역사 전반을 개괄하였으며, 제2부에서는 고구려인 고유의 세계관과 사유방식을 담고 있는 신화를, 제3부에서는 고구려인의 종교를, 제4부에서는 고구려인 삶의 여러 모습을 정리해 보았다. 일반인들도 편안하게 고구려인과 만나 대화할 수 있도록 상세하고 전문적인 설명은 되도록 피하고 벽화 도판을 가능한 많이 사용하였다. 필자의 이러한 의도가 책을 접하는 독자들의 느낌과 잘 맞물리기를 기대할 뿐이다.

　이 책의 준비에는 아내 장연희가 늘 함께 하였다. 분야는 다르지만 아내는 학문의 길을 함께 가는 동지이자, 내 글의 변함없는 독자이며 비평가이다. 이 책의 원고도 일일이 읽고 내가 독자의 눈높이와 맞추어 글을 쓸 수 있도록 조언도 해 주었다. 딸 혜전의 맑은 눈은 원고에서 손을 놓지 않게 하는 힘이 되어 주었다. 두어 달에 한 번씩 안부 겸 독촉의 전화로 필자의 긴장을 유지시키면서 1년 이상 글의 마무리를 기다려 준 나병식 선배에게는 송구하며 감사할 따름이다. 산뜻하게 잘 마무리된 책의 출간을 위해 시간의 밤낮을 헤아리지 않은 풀빛출판사 편집부 여러분에게도 감사의 뜻을 거듭 전한다.

1998년 늦여름, 태화강변 서재에서　필자

고분벽화로 본 고구려 이야기

차례

역사

1. 고구려적 천하의 성립과 전개

시조 주몽이 고구려의 건국을 선언한 해는 기원전 37년이다. 하지만 고구려라는 존재는 중국 진·한(秦漢) 이전의 문헌기록에 등장한다. 고구려라는 국가의 성립을 주도한 세력은, 중국의 문헌에서 맥(貊)으로 전하는 족속이다. 고조선에서 위씨왕조(衛氏王朝)가 등장하는 시기에 이들은 여러 개의 소국(小國) 및 소국연맹체 상태로 존재했으며, 고조선(古朝鮮)이라는 연맹체국가의 일부를 구성하고 있었다.

한(漢)의 침략을 막지 못하고 고조선이 멸망하자 맥족

광개토대왕비 : 보호 비각(碑閣)을 세우기 전인 1920년대의 모습이다. 광개토왕의 시호(諡號)는 '국강상광개토경평안호태왕(國岡上廣開土境平安好太王)'이다. 시호는 왕의 생전 업적을 기리어 붙이는 이름이다.

계통의 소국들과 소국
연맹체는 옛 고조선을
대신하려는 한군현(漢
郡縣)의 압력을 배제하
면서 점차 하나의 세력
으로 모습을 갖추기 시
작하였다. 이렇게 출발
한 고구려는 기원전 1
세기말부터 1세기말에
이르는 동안 부여(夫
餘)의 그늘에서 벗어나
만주와 한반도 일대의
새로운 국가세력으로
성장해간다. 당시 부여
는 오랫동안 만주지역

요녕 지역의 고구려 산성 : 연
개소문이 쌓았다고 전하는 요
녕성(遼寧省) 장하현(莊河縣)에
있는 성산산성(城山山城) 의 일
부이다. 9m 높이의 높은 장대
(將臺) 가 인상적이다. 장대는
성을 둘러싼 전투가 전개되었
을 때에 지휘부가 설치되는 곳
이므로 성 안팎을 모두 살펴볼
수 있는 곳에 설치했다.

의 패자를 자임하던 나라였다. 이 시기의 고구려는 기존의
예맥계(濊貊系) 이외에 비예맥계로 통칭될 수 있는 다양한
갈래의 주변 세력들을 아우르며 세력을 증대시킨다.

2세기 후반부터 4세기 전반 사이에 고구려는 주변의 크
고 작은 세력을 통합한다. 또 만주 남부와 한반도 중북부
일대에 남아 명맥을 유지하던 중국계 군현세력을 완전히

소멸시킨다. 바로 이 시기에 고구려는 이 지역의 중심 세력으로 부상하게 된다.

2세기 후반부터 고구려는 보다 이질적이고 다양한 사회와 접촉하며 이들을 자신의 영역으로 끌어들인다. 이로 말미암아 고구려 문화는 보다 풍부한 내용을 지니게 된다. 이 시기 나름의 문화적 특성을 지닌 채 고구려의 새로운 영역으로 포함되는 지역으로는 북부여(北扶餘)가 있던 서북의 부여성(扶餘城) 지역, 동부여가 있던 동의 책성(柵城) 지역, 동옥저(東沃沮)와 동예(東濊)의 영역이던 동남의 동해안 지역, 낙랑군(樂浪郡)이 있던 서남의 평양(平壤) 지역, 요동군(遼東郡)이 있던 서의 요동(遼東) 지역 일부 등을 꼽을 수 있다.

4세기 후반에서 6세기 초에 걸쳐 고구려의 영역은 이전에 비해 크게 확장된다. 5세기에 고구려의 영역은 서로는 요하(遼河) 좌우, 북으로는 동류 송화강(松花江) 유역, 동으로는 연해주 남단, 남으로는 한반도 중부 일대까지 확장된다. 이와 같이 영역을 크게 넓히면서 고구려는 동북아시아의 패자(覇者)로서 동아시아의 국제질서를 좌우하는 4강(强)의 하나로 떠오른다. 중국의 패권을 다투던 남조(南朝)와 북조(北朝), 내륙 아시아 스텝유목지대의 패자 유연(柔然)과

세력균형을 이룬 고구려는 1세기 이상 동북아시아 일대의 여러 세력에 대해 패권을 행사한다. 이른바 고구려적 천하(天下)의 성립과 전개이다.

이 시기 고구려는, 영역의 확장과 동북아시아에서의 패권 확립에 힘입어 이 지역의 사회·문화적 흐름도 주도한다. 고구려는 지배이념을 정비하면서 평양으로 수도를 옮기고, 남북조 및 유연 등 동아시아 주요 세력과의 교섭도 지속적으로 전개한다. 그 과정에서 당시 아시아에서 보편문화의 산실(産室)이자 보편관념의 종합체이던 불교를 받아들이고 주몽신화를 체계화시켜 신앙으로 승화시킨다. 한편 평양은 고구려적 천하의 중심이자 새로운 고구려 문화의 중심으로 떠오른다. 남북조와의 교섭을 통해서는 중국 문화와 잘 버무려진 서아시아 문화가, 내륙 아시아의 패자 유연을 거쳐서는 비중국적 외래 문화가 지속적으로 고구려에 유입된다. 이 시기 독자적 전통위에 다듬어온 고구려 문화는 동서 여러 문화와 만나게 되어 더욱 다채로운 모습을 띠게 된다. 특유의 고구려적 개성에 보편성을 더한 국제적 수준의 고구려적 보편문화가 펼쳐지기 시작한다.

6세기 중엽에서 7세기 중엽에 이르는 기간 동안, 고구려
는 백제의 부흥, 신라의 성장, 중국 남북조시대의 종결 및
통일세력의 등장, 통일중국 중심의 국제질서 재정립을 위
한 수·당(隋唐)의 주변세력에 대한 압박 등 국제질서의
커다란 변화와 마주치게 된다. 고구려가 기존의 세력과 영
역을 유지할 수 있을지, 새로운 국제환경이 요구하는 제한
된 틀 속에서나마 역사를 지속시킬 수 있을지는 이와 같은
질서 변화에 얼마나 효과적으로 대응하는가에 달려 있었
다. 그러나 이러한 국제질서의 재조정기에 고구려는 귀족
연립정치의 전개와 지방분권화의 진행을 겪으면서 정치
적·사회적 혼란에 빠진다. 내적으로는 중앙 정치세력이
분열하여 사회 내부의 통합력이 느슨해졌고, 외적으로는
신라를 비롯한 주변 세력에 대한 영향력을 점차 상실해간
다. 이런 과정을 거치면서 고구려적 천하는 와해의 길을
걷게 된다.

  해체된 동북아시아 여러 세력간의 기존 질서는 당시
수·당을 중심으로 이루어지던 동아시아 국제질서
재편활동과 맞물리면서 새로운 질서 수립을 요구
받게 된다. 그러나 고구려는 이 새로운 국제질서
의 수립을 주도하기보다는 구질서의 복원에
관심을 보인다. 그 결과 동아시아의 단일

중심으로 자리잡아가던 수·당이 동북아 지역 질서에 개입하고, 이에 대해 고구려가 강경 대응을 하면서 동북아시아는 격렬한 국제전에 휘말리게 된다. 수·당과 거듭 대립하고 충돌하는 와중에 고구려의 내부 결속력은 서서히 약화된다. 급기야 백제를 무너뜨린 나당(羅唐)연합군의 협공을 맞게 되자, 주몽의 건국 선언 이래 700여년의 역사를 자랑하던 고구려는 역사무대에서 사라지고 만다.

이 시기 고구려가 겪은 정치세력의 분열, 귀족연립정치의 전개, 지방분권적인 사회운영은 문화적 동향에도 영향을 끼친다. 귀족연립정치는, 수도인 평양 외에 평양 천도

고구려의 고분군 전경(집안 지역): 한때 수 만기에 이르렀던 고구려시대 고분의 일부이다. 계단식으로 쌓아올린 돌무지무덤들은 왕족이나 상급 귀족들의 무덤으로 규모가 큰 것이 많다. 무너진 태왕릉(太王陵)의 한 변 길이는 63m, 둘레는 240m이며, 높이는 30m에 이른다.

이후에도 고구려 사회 안에서 일정한 비중을 유지하고 있던 옛 도읍 집안이 평양에 버금가는 정치·사회적 중심으로서의 위치를 다시 다지게 하는 데 일정한 영향을 주었다. 따라서 고구려의 정치·사회 중심은 평양 천도 전후와 같이 이원화되어 있었고, 남북조 및 수·당에서 생성되거나 이들 왕조를 경유한 여러 문화가 수도 평양 외에 집안에도 집중적으로 전해진다.

두 지역은 나름의 문화전통과 기준 위에 이들 문화를 소화하여 지역적 색깔이 뚜렷한 문화로 재창조하였다. 이른바 문화의 지역화 현상이 나타나게 된 것이다. 본래 5세기 이전부터 집안과 평양 지역은 문화전통의 내용과 지향성에서 차이가 있었다. 그러나 5세기 말 보편적 고구려 문화의 성립이라는 큰 흐름이 있자 두 갈래의 지역적 흐름은 이 속에 녹아들었다. 그러다가 6세기 두 지역을 기반으로 한 귀족세력의 독자성이 강화되면서 잦아들었던 문화의 지역적 특성이 다시 모습을 뚜렷이 하게 된 것이다. 실제 고분벽화 등의 유적·유물에서 확인되듯이 6세기에 들어서면서 고구려의 문화 중심은 남북으로 이원화한다.

건국에서 멸망까지의 영역 변화

고구려는 압록강 중류와 혼하(渾河)유역을 중심으로 성
장한 나라이다. 국력이 절정에 달한 5세기에는 영역이 서
로는 요하를 넘어서고, 북으로는 동류 송화강을 건너며,
동으로는 연해주 남부, 남으로는 한반도 중부의 남단에까
지 이른다. 더욱이 동북아 패권국가로서의 영향력 또한 대
단하여, 국가영역을 크게 넘어 북아시아 삼림지대의 여러
종족 및 내륙 아시아 유목지대의 여러 세력, 한반도 남부
의 신라, 백제, 가야, 바다 건너 일본열도 등에까지 그 영

**4강 세력균형 상태의 동아시아(5
세기)** : 국가 사이의 세력균형은
해당 국가들의 국력이 거의 차이
가 없을 때에만 성립할 수 있다.
5세기 고구려의 국력은 중국의
남조나 북조, 스텝유목지대의
패자 유연도 넘보기 어려울 정도
로 강성하였다.

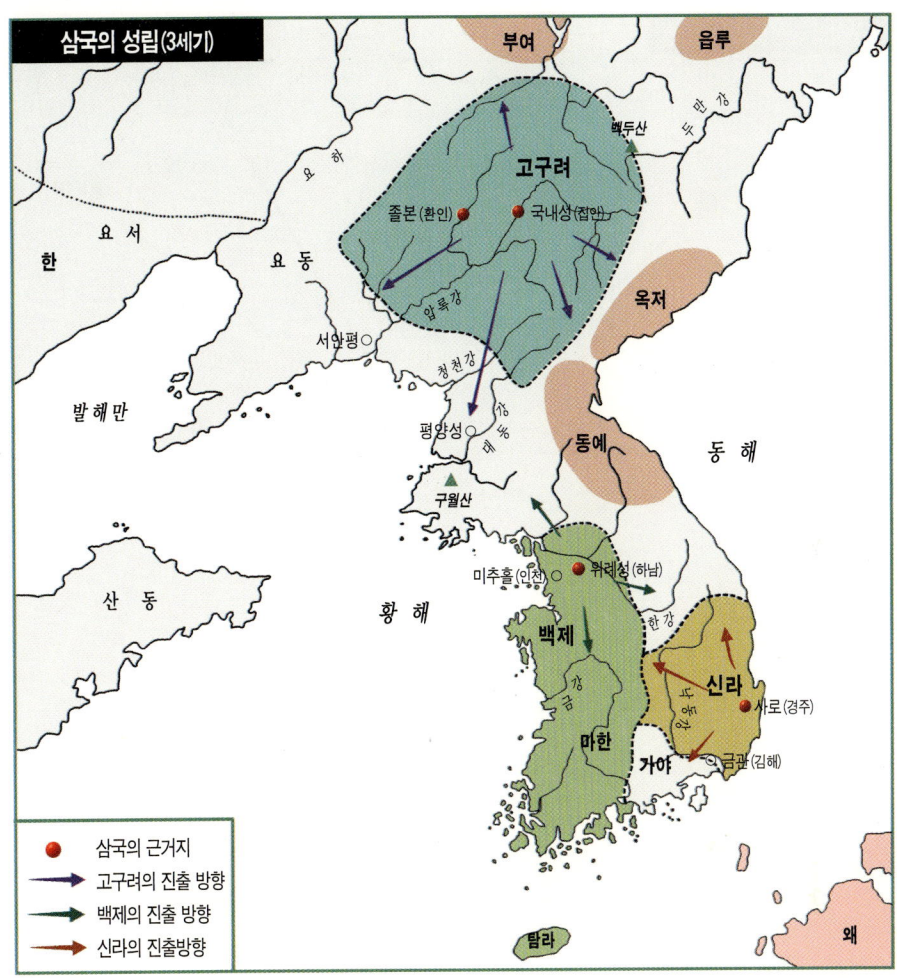

부여

읍루

백두산

고구려

졸본(환인) ● ● 국내성(집안)

요서

요동

한

압록강

서안평 ○

청천강

옥저

발해만

평양성 ○

구월산 ▲

동예

동해

산동

황해

미추홀(인천) ○ ● 위례성(하남)

백제

한강

신라

● 사로(경주)

금강

마한

가야

○ 금관(김해)

● 삼국의 근거지
→ 고구려의 진출 방향
→ 백제의 진출 방향
→ 신라의 진출방향

탐라

왜

향력을 행사하였다.

　그러나 6세기 중반 이래로 신라 및 백제, 그리고 중국을 통일한 수, 그 뒤를 이은 당과 잇달아 부딪치면서 고구려의 영역과 세력은 축소되기 시작한다. 서로는 요하 유역을, 남으로는 한반도 중부지역을 상실한다. 또한 고구려

성립: 건국 당시 고구려의 중심부는 땅이 척박하고, 겨울이 긴 곳이었다. 고구려가 백제나 신라에 비해 주변 지역의 정복에 적극적이었던 데에는 이러한 지리적·환경적인 제약을 극복하려는 의지도 작용하였다. 고구려의 기마부대는 때로 요하를 건너 중국 북부의 변경에 그 모습을 드러내기도 하였다.

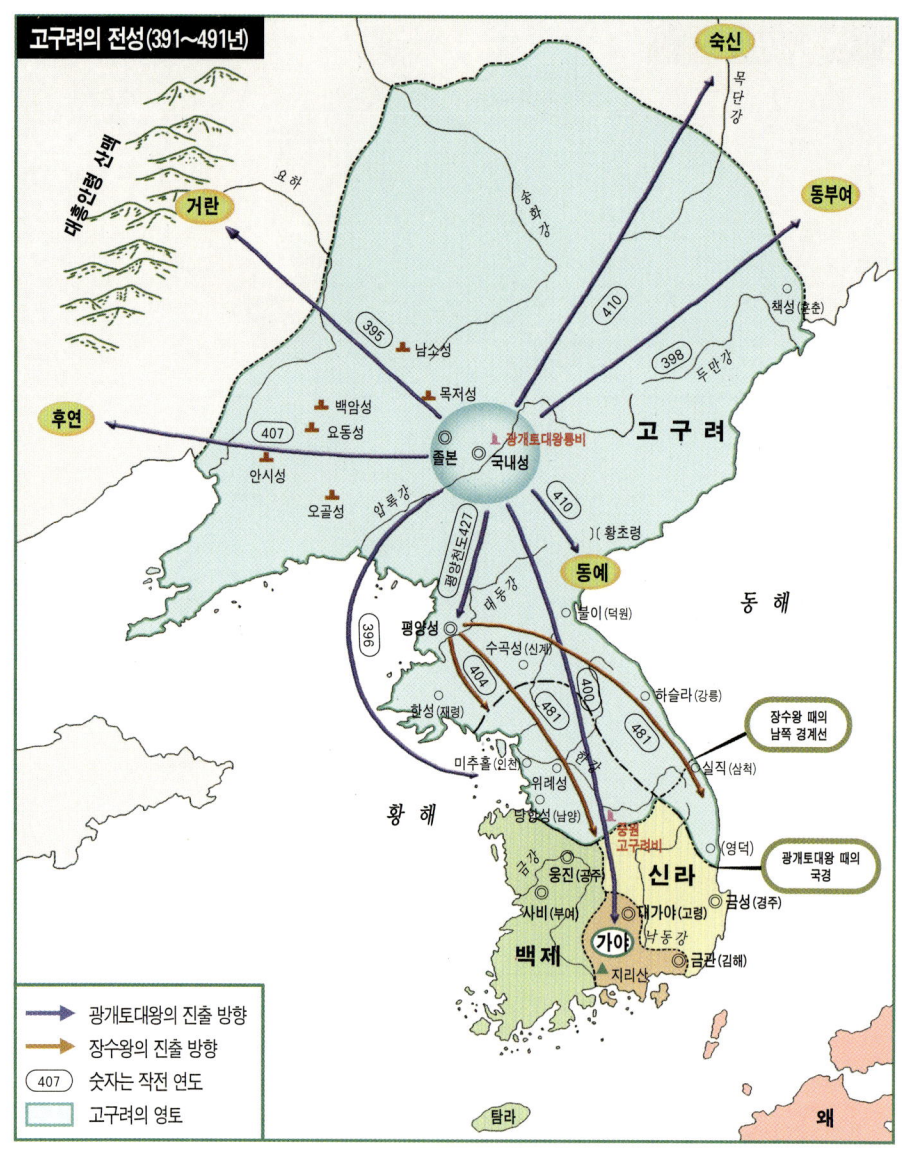

고구려의 전성(391~491년)

대흥안령산맥

거란

요하

송화강

숙신

목단강

동부여

책성(훈춘)

395 남소성

398 두만강

410

후연

백암성
요동성
407
안시성

목저성

졸본 국내성

광개토대왕릉비

고구려

오골성

압록강

410

) (황초령

평양천도427

동예

평양성

396

수곡성(신계)

불이(덕원)

동 해

하슬라(강릉)

장수왕 때의
남쪽 경계선

404

481

404

401

481

실직(삼척)

(영덕)

광개토대왕 때의
국경

한성(재령)

미추홀(인천)

위례성

광개
고구려비

신 라

금성(경주)

황 해

당항성(남양)

웅진(공주)

금강

사비(부여)

대가야(고령)

백 제

낙동강

가야

금관(김해)

지리산

탐라

왜

→ 광개토대왕의 진출 방향
→ 장수왕의 진출 방향
407 숫자는 작전 연도
□ 고구려의 영토

성장과 발전 : 장수왕대에 고구려를 방문했던 북위의 사신은 귀국 후, 고구려의 영토와 주민이 이전에 비해 3배가 늘었다고 기록했다.

의 지배와 보호를 받던 거란 및 말갈의 일부가 당에 귀속하고, 권력투쟁에서 패배한 일부 귀족세력이 신라에 투항

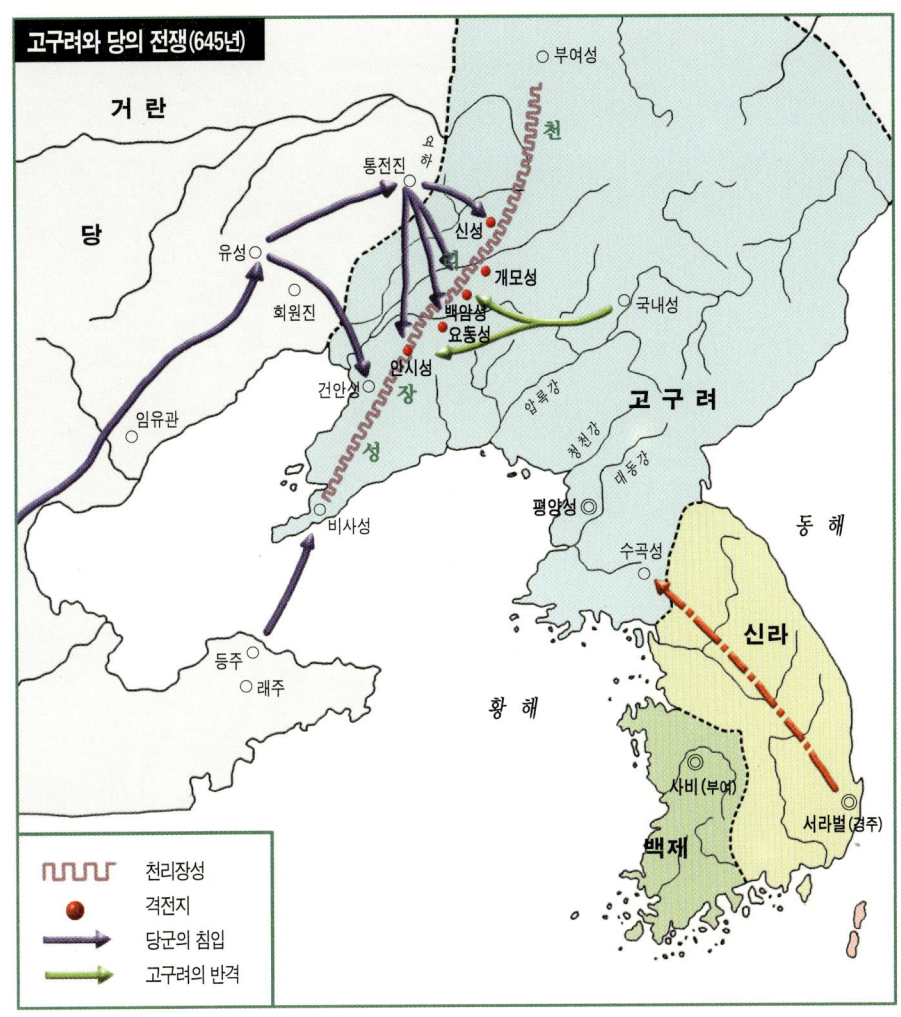

고구려와 당의 전쟁(645년)

거란

당

부여성

천리

통전진

유성

신성

개모성

회원진

백암성

요동성

국내성

임유관

건안성

안시성

장

성

고구려

압록강

청천강

대동강

비사성

평양성

동 해

수곡성

신라

등주

래주

황 해

사비 (부여)

서라벌 (경주)

백제

ΠΠΠ   천리장성
●   격전지
➤   당군의 침입
➤   고구려의 반격

하기도 한다. 마침내 668년 수도 평양이 신라와 당의 연합
군에 의해 함락되면서 고구려는 멸망한다. 옛 고구려 땅의
대부분은 30년 뒤 고구려 계승을 선언하며 건국한 발해
(渤海)의 영역으로 편입된다.

쇠퇴와 멸망: 고구려는 수의 뒤
를 이은 당의 침입에 대비해 요
하 중상류에서 요동반도 남단에
걸쳐 천리장성을 쌓고, 이중삼중
의 산성 중심 방어체계를 마련하
였다. 그러나 집권 귀족세력이
분열과 혼란에 빠지자, 이러한
방어체계도 제 기능을 발휘하기
가 어려웠다.

2. 전쟁과 교섭

1) 전쟁

우리 민족은 옛부터 '동쪽의 활 잘 쏘는 민족[東夷]'으로
불렸다. 고구려인은 특히 활쏘기에 능하여 시조의 이름이
'활 잘 쏘는 사람[朱蒙]'이다. 고구려는 '맥궁(貊弓)'이라
는 활채가 심하게 굽은 짧고 강한 활로 유명했다. 짧은 활
은 말을 타고 달리면서 사용하는 데에 적합한데, 고구려인

활쏘기 (무용총): 맥궁의
제작에는 소의 갈비뼈나
뿔이 주로 쓰였다. 벽화
의 활은 다섯 조각의 쇠
뿔을 이어 활채를 만들
어 탄력성을 크게 높인
것이다. 화살이 막 시위
를 떠나려는 순간이 생
생하게 표현되었다.

활을 멘 병사(안악3호분): 어깨에
는 활을 메고, 허리에는 화살통
을 찼다. 이 병사의 모습에서 보
병에 속한 궁수들은 비교적 가벼
운 차림새로 행렬에 참여했음을
알 수 있다.

마사희(馬射戱 덕흥리벽화분): 차
례로 말을 달리며 활을 쏘아 화
살로 과녁을 가장 많이 통과시킨
사람이 이기는 놀이이다. 기마
전투능력을 향상시키는 훈련을
겸한 놀이라고 할 수 있다.

은 보통 사람 키의 절반쯤 되는 짧은 활
을 즐겨 썼다. 활촉은 용도에 따라 다양
하였다. 도끼날형 활촉은 대상이 받는
타격을 높이기 위해 만든 넙적촉의 일종
이다. 특수한 화살로는 활촉 뒷부분에
구멍 뚫린 둥근 기구를 매달아 화살이
시위를 떠나 날면서 소리가 나게 만든
소리화살[鳴鏑]이 있는데, 고
분벽화의 사냥그림 중에
도 보인다.

여러 종류의 활촉 : 제일 왼쪽의
것이 도끼날형 넙적촉이다. 그
오른편의 평범한 넙적촉을 개량
한 것이다.

**화살 맞은 짐승(장천1호
분)** : 화살에 목이 꿰뚫린
채, 필사적으로 달아나고
있다. 그러나 말을 탄 사
람 역시 재차 활을 겨누며
짐승의 뒤를 쫓고 있다.

무기2:창, 칼, 도끼

창과 칼, 도끼는 근거리 전투에 쓰이는 기본무기이다. 창은 끝이 뾰족한 것과 넙적한 것이 기본형이며, 이외에 적의 기병을 걸어 당기는 데 쓰는 갈구리형이 있다. 칼은 길이 1m 가량의 긴 칼과 30cm 정도의 짧은 칼이 있었다. 모두 칼몸의 한 쪽만 날이 있는 외날칼이며, 손잡이 끝이 둥근 고리모양인 둥근 고리칼이다. 둥근 고리는 사용자의 신분과 지위에 따라 고리 안에 아무런 장식이 없는 민고리, 잎사귀 셋이 표현된 세잎고리, 용(龍)이나 봉황(鳳凰)

칼과 창, 방패(안악3호분) : 357년 경 제작된 안악3호분 벽화를 통해 당시의 군인들이 사용하던 칼과 창, 방패의 모습을 생생하게 볼 수 있다.

창사냥(장천1호분) : 기마 무사의 화살을 피해 한껏 달아나던 멧돼지 앞을 긴 창을 꼬나 쥔 한 사람이 가로막고 있다. 놀란 멧돼지의 모습이 안스럽다. 창이 사냥에도 사용되었음을 보여주는 좋은 예이다.

등이 새겨진 용봉고리 등으로 나뉜다. 도끼는 본래 벌목용 도구였지만 고대 및 중세 사회에서는 전투용 무기로도 쓰였다. 군사행진을 할 때에 창과 칼, 도끼는 어깨에 멨다.

부월수(斧鉞手 안악3호분) : 칼과 창 등의 무기가 정교하고 다양한 형태로 발달하자 도끼는 의례용 도구로 보다 자주 쓰이게 된다. 벽화의 인물들은 자신들이 무덤 주인을 지키는 무관들임을 도끼로 나타내고 있다.

여러 종류의 칼 : 칼자루를 손에 쥔 병사는 전투중 칼을 놓치지 않기 위해 둥근 고리에 끈이나 헝겊을 감고, 이것을 다시 자신의 손목에 감기도 하였다.

갑옷, 투구, 방패는 적의 공격으로부터 자신을 보호하기 위해 사용하는 방어장구이다. 고구려의 갑옷에는 쇠로 만든 비늘모양의 패쪽을 이어서 만든 찰갑(札甲)과 가죽으로 만든 혁갑(革甲)이 있었다. 기병은 대부분 신체 보호에도 유리하고 움직이는 데에도 편리한 찰갑을 입었다. 투구는 대부분 찰갑 쪽을 꿰붙여서 만든 찰제 투구를 사용하였는데, 신분이 높을수록 투구 꼭대기에 여러 가지 장식을 만들어 달았다. 방패는 주로 보병이 사용하였다.

기마병(복원): 투구, 투구장식, 목가리개, 가슴가리개, 팔목가리개, 무릎가리개, 발목가리개, 못신, 창, 말투구, 말갑옷, 꼬리장식 등으로 거의 완벽하게 무장한 기마병의 모습이다. 이러한 철기는 가볍게 무장한 적의 보병들에게는 공포의 대상이 될 수밖에 없었다.

보병은 비교적 가벼운 차림으로 전투에 임했지만, 기병은 갑옷저고리 및 갑옷바지, 투구 등으로 중무장한 상태로 말을 타고 전투의 전면에 나섰다. 때문에 기병은 적으로부터 말이 공격받아 말에서 떨어질 경우 전투능력을 상실하여 전사하거나 포로가 되기 쉬웠다. 고구려에서는 기병이 지닌 이러한 약점을 보완하기 위해 말에도 갑옷과 투구를 입혔다.

이와 같이 갑옷과 투구로 완전무장한 말을 탄 중무장 기병을 철기(鐵騎)라 불렀다. 철기는 일반 기병이나 보병에 비해 전투능력이 월등히 높았다. 그러나 대량의 갑옷과 투구를 보급해야 하는 국가로서는 경제적 부담으로 말미암아 대규모의 철기 부대를 유지하기 어려웠다. 그래서 철기는 제한된 규모의 정예부대로 유지되다가 전세의 승패를 결정할 만한 주요한 전투에 주로 동원되었다. 고구려의 철기는 고구려에서 제철업이 성했으며 제철기술도 높은 수준으로 발전했음을 보여주는 증거이기도 하다.

철기 행렬(덕흥리벽화분): 신라와 가야의 고분에서는 갑옷과 투구 외에 말의 머리에 씌웠던 말투구[馬面甲]이 발견되고는 한다. 이들 나라에도 철기가 있었다는 증거이다.

고대의 전투란 대개 두 진영 장수의 대결로 시작된다. 『일본서기』에는 고구려와 백제 사이에 있었던 전투의 한 장면이 구체적으로 묘사되어 있다. 두 나라의 군대가 들판에서 마주치자 두 진영은 먼저 자기 군대의 장수를 앞으로 내어보낸다. 갑주(甲冑)로 무장한 채 말을 타고 앞으로 나아간 두 진영의 장수는 각기 4대조부터 자신까지의 계보를 밝혀 자신이 어떤 집안의 자손인지를 상대방에게 알린다. 이렇게 인사를 나누고 두 장수는 1:1의 대결에 들어간다. 대개의 경우 두 진영은 이 대결의 승패로 전투의 승패

공성도(攻城圖) 중 기마전(騎馬戰) 삼실총): 투구와 갑옷으로 중무장한 두 철기가 긴 창을 휘두르며 쫓고 쫓기고 있다. 추격자는 창을 비껴 들어 앞의 사람을 찌르려는 자세이며, 쫓기는 사람은 몸을 반쯤 틀어 뒤를 돌아보며 급히 달아나고 있다. 삶과 죽음을 가르는 순간의 긴박함이 절실히 드러난다.

를 사실상 결정짓는다. 그러나 어느 한 진영이 이 결과에 승복하지 않을 경우 전투는 진영 전체로 번진다. 그러나 성을 공격하고 수비할 경우에는 거의 예외 없이 장수와 병사가 모두 동원되는 총력전 양상을 띠게 된다.

2) 교섭

　　고구려의 첫 수도 환인이나 다음 수도 집안은 모두 만주, 한반도 일대의 주요 교통로상에 위치하였다. 여기에서 알 수 있듯이 고구려는 건국 초기부터 주변의 다양한 사회 및 세력들과 접촉하였다. 태조왕 이후 정복과 확장의 역사를 거듭하면서 고구려의 대외 접촉범위는 더욱 넓어졌다. 특히 5세기부터 7세기 사이에 고구려 외교사절의 발길은 내륙 아시아의 스텝지대를 가로질러 중앙아시아의 서쪽 끝에까지 닿은 듯하다. 5세기부터 6세기 전반 사

고구려 사절의 발길이 미친 곳: 고구려인의 후손 고선지 장군이 이끄는 당군과 사라센군 사이의 회심의 일전이 벌어진 탈라스도 파미르고원 너머의 땅이다.

이는 고구려가 동북아시아의 패자로 군림하던 시기이며,
6세기 후반부터 7세기에 걸친 시기는 중국의 수·당과 치
열한 외교전을 벌이던 기간이다. 이는 중국 서쪽 변방의
돈황석굴과 파미르고원 너머 사마르칸트의 아프라시압
궁전지 벽화에서 미루어 짐작할 수 있다. 이들 유적의 벽
화에는 고구려 특유의 새깃 꽂은 모자를 쓴 사신이 등장하
는데, 5~7세기 고구려의 외교적 관심과 접촉 범위를 짐
작하게 한다. 실제 7세기 동아시아의 중심으로 자리잡고
자 했던 당이 북방 내륙 아시아의 패자이던 돌궐제
국을 회유하고 압박하고자 사신을 파견했는데,
돌궐왕 아민가한의 장막에서 고구려 사신과 마
주치자 고구려와 돌궐의 연합 가능성을 두고
크게 고심하였음은 잘 알려진 이야기이다.

3. 남긴 것들

산성 고구려가 남긴 자취 가운데 첫번째로 꼽을 수 있는 것은 산성이다. 고구려가 산성 중심의 방어체계를 유지하였기 때문이다. 고구려는 삼면(三面)이 높은 산이나 절벽으로 막혀 자연방어가 가능하고, 다른 한 면(주로 남쪽)은 경사가 완만하여 출입이 가능한 곳을 선정하여 산성을 쌓았다. 이러한 성은 내부에 2개 이상의 골짜기를 포함하고 있는데, 이같은 형태의 산성을 고로봉식 산성이라고 한다. 환인의 오녀산성(五女山城)을 비롯하여 집안의 산성자산성(山城子山城), 평양의 대성산성(大成山城) 등은 이러한 고구려의 산성 가운데 대표적인 것들이다.

무덤 무덤 또한 고구려인을 만날 수 있는 주요한 흔적이다. 고구려의 무덤은 크게 돌무지무덤[積石塚]과 흙무지돌방무덤[封土石室墳]으로 나뉜다. 돌무지무덤은 고구려의 전형적인 무덤형태인 데에 반해, 흙무지돌방무덤은 외부로부터 영향을 받아 출현한 무덤양식이다. 벽화는 주로 흙무지돌방무덤에서 발견되지만 돌무지무덤에서

발견되는 예도 있다. 이는 고분벽화라는 장의 미술(葬儀美術)의 한 장르가 무덤양식이 돌무지무덤에서 흙무지돌방무덤으로 옮겨가는 시기에 고구려에 수용되었음을 말해준다. 고구려 흙무지돌방무덤의 평면구조는 시기에 따라 외방무덤, 여러방무덤이 혼재하다가 외방무덤으로 일원화하는 경향을 보인다. 벽화고분의 평면구조도 같은 흐름을 보여준다.

집안 지역은 돌무지무덤 양식의 중심부에 해당한다. 집안 일대에 남아 있는 1만 3천여기의 고구려 무덤은 대부분 돌무지무덤이다. 초기의 흙무지돌방무덤에는 돌무지무덤 양식의 영향이 남아 있다. 그런데 평양 지역과 달리 집안 지역의 경우, 돌무지무덤 외에 흙무지돌방무덤이라는 무덤양식에 영향을 줄 만한 무덤양식의 전통이 없었다. 때문에 이 지역에서 흙무지돌방무덤으로의 변화과정은 비교적 단순하다. 반면, 평양 지역에는 나무덧널무덤[土壙木槨墓], 벽돌무덤[塼築墳] 등 상당히 다양한 무덤양식의 전통이 있었으므로 흙무지돌방무덤 양식의 수용과 전개과정이 그리 단순하지 않았다. 기존의 다양한 무덤양식의 영향으로 말미암아 평양 지역의 흙무지돌방무덤은 초기부터 중기

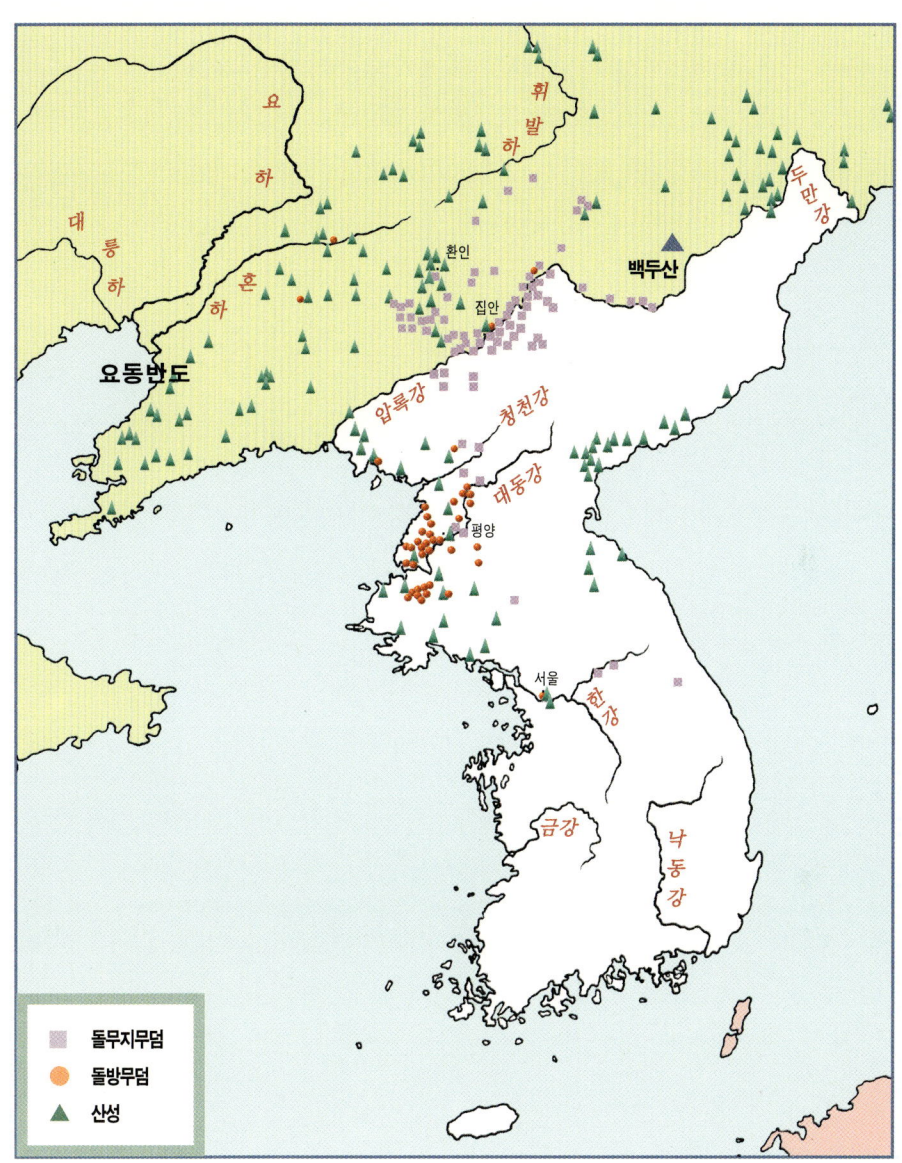

요하
휘발하
대릉하
혼하
요동반도
환인
집안
백두산
두만강
압록강
청천강
대동강
평양
서울
한강
금강
낙동강

■	돌무지무덤
●	돌방무덤
▲	산성

고구려의 산성 및 고분군 분포
현황: 요동 지역 및 혼하 유역 산성의 분포는 고구려가 산성 중심의 방어체계를 마련했음을 잘 보여준다.

에 걸쳐 다양한 평면구조를 보여준다. 그러나 6세기 이후 집안이나 평양 지역의 무덤은 외방무덤으로 단일화된다.

신
화

1. 천신의 자손

1) 시조의 기원

건국 이래 고구려인의 전통신앙이 어떠했는지를 구체적으로 전하는 문헌기록은 없다. 그러나 중국의 역사서 등에 전하는 고구려인의 신앙 및 신앙대상을 통해 어렴풋이나마 그 실체를 짐작할 수는 있다.

4세기까지의 고구려사가 주로 기재된 『삼국지(三國志)』 등에 따르면 당시 고구려 사회에서 신앙대상으로 제사되던 존재로는 귀신(鬼神), 영성(靈星), 사직(社稷)이 있다. 영성은 본래 농사의 풍흉과 관련하여 제사되던 신으로 곡식을 관장하는 별자리인 천전성(天田星)을 가리킨다. 고구려의 독자적인 천문관측 수준도 높았음을 고려하면 고구려에도 중국에서와 같은 영성신앙(靈星信仰)이 있었을 가능성이 높다. 5세기의 고구려 역사가 더해진 『북사(北史)』 등에는 이들 이외에 주요한 제사대상으로 부여신(夫餘神)과 등고신(登高神)이 등장한다. 부여신은 지모신(地母神)으로서의 하백녀 유화를, 등고신은 하백녀와 천제 사이에

신들의 세계 (오회분4호묘) : 해와 달을 받쳐든 신들, 장고와 거문고 등 여러 가지 악기를 연주하거나 신비한 약이 담긴 사발을 든 하늘세계의 사람들 사이로 달과 별자리, 신비스러운 형태의 나무, 갖가지 자세의 용들이 보인다. 고구려인이 믿던 하늘세계의 모습이다.

서 태어나 고구려를 세운 주몽을 가리키는 것으로 이해된다. 고구려의 멸망까지를 다룬 『구당서(舊唐書)』 등에는 영성 외에 일신(日神), 가한신(可汗神), 기자신(箕子神) 등이 새로이 언급된다. 신의 명칭만으로 볼 때, 가한신과 기자신은 고구려 역사에서 영웅적인 인물이 신격화 과정을 거쳐 신앙대상화한 존재인 듯하다.

고구려인의 신앙대상으로는 이외에도 고구려에서 해마다 국가적 규모로 치르던 시월제천(十月祭天) 때에 모셨다는 '수신(燧神)' 이 있다. 고구려는 사회의 규모가 커지면서 생기게 마련인 여러 가지 모순과 갈등을 해소하고 여러 사회 집단 사이의 결속력을 높이기 위해 해마다 '동맹(東

盟) 이라는 제천행사를 열었다. 이 행사 때에는 반드시 나라 동쪽의 큰 동굴에서 수신을 모셔와 제사를 지냈다고 한다. 흔히 이 수신은 천신(天神)과 함께 제사되는 대지의 신인 지모신, 곧 수신(水神)인 하백녀로 추정한다. 또 부여신, 하백녀 및 등고신 주몽보다 상위의 신격인 하늘신, 곧 천제(天帝)로 보는 견해도 있다.

해신과 달신

집안에 있는 6세기 벽화고분인 오회분5호묘와 오회분4호묘 벽화에는 해와 달뿐만 아니라 각기 해와 달을 머리 위로 받쳐 든 해신과 달신이 그려져 있다. 이 해신과 달신은 위는 사람이고 아래는 용인 복희·여와형(伏羲·女媧型) 신이다. 이들 신의 기본 형상은 중국에서 따온 것으로 보이지만 그 관념적 바탕은 고구려의 전통적 해신과 달신 신앙인 것으로 이해된다. 고구려의 시조 주몽의 아버지로 전해지는 해모수는 해신, 어머니 유화는 달신

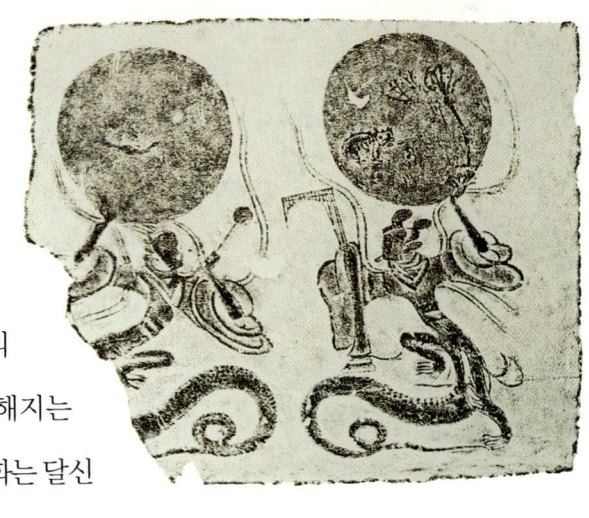

중국의 해신과 달신(漢 畵像塼) : 중국 사천의 한대 고분에서 발견된 화상전에 새겨진 것이다. 전설상의 복희와 여와가 각기 한 손으로는 해와 달을 받쳐 들고, 다른 한 손으로는 구(矩)와 규(規)를 쥐고 있다. 구규는 복희와 여와가 천하를 재어 나눌 때에 쓴 측량도구이다.

에 비유되기 때문이다.

고려시대 이승휴가 쓴 『제왕운기(帝王韻紀)』에는 고구려의 시조인 동명왕 주몽에 대한 기록이 실려 있다. 이에 의하면 주몽의 아버지 해모수는 자신이 천제의 아들이라고 하면서 다섯 마리의 용이 끄는 수레를 타고 하늘과 땅을 오르내리며 정사를 돌보았다고 한다. 사람들은 해모수를 천왕랑(天王郞)이라고도 불렀다. 해모수가 해신이며 양(陽)의 속성을 지닌 존재로 인식되었음을 알 수 있다. 해모수가 해신이라면, 그 배우자로 택해지는 하백의 딸 유화는 달신이며 음(陰)의 속성을 지닌 존재일 것은 불문가지이다.

해신과 달신(오회분4호묘) : 소매 끝이 여러 갈래로 나뉘어 뻗어나가며 새 날개처럼 힘있게 너울거린다. 용의 꼬리는 V자형으로 휘었고, 두 다리는 앞뒤로 一자형으로 뻗어 있어 고구려 특유의 힘을 느끼게 한다. 달신의 길고 갸름한 얼굴, 부드러운 미소에서 고구려 미인을 보는 듯하다.

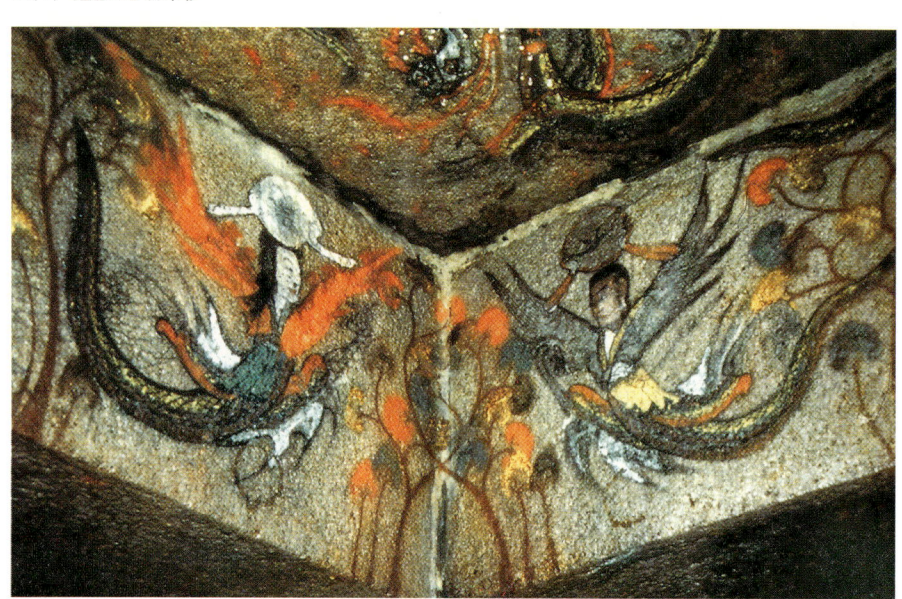

2) 신들의 세계

문명을 일으킨 신들 : 수신, 신농, 단야신, 제륜신, 마석신

고구려에는 문헌에 전하는 신앙대상 외에도 여러 문명
신에 대한 신앙이 있었고, 이들과 관련된 신화와 전설도
널리 퍼져 있었던 듯하다. 집안 지역에 있는 6세기 사신계
고분벽화에는 수신(燧神), 신농(神農), 단야신(鍛冶神), 제
륜신(製輪神), 마석신(磨石神) 등 여러 문명신들이 모습을
드러내기 때문이다. 신농은 삼실총 벽화에서는 긴 창을 세
워 든 소의 머리를 한 전쟁신으로 그려졌는데, 6세기 고분
벽화에는 손끝에 곡식 이삭을 든 농업신으로 나타난다. 한

수신(오회분4호묘) : 하늘을 날며
춤을 추는 듯이 보이는 신의 오
른손에 불꽃이 너울거리는 막대
가 쥐어져 있다. 옷자락과 불꽃
뿐 아니라 길게 늘어뜨린 신의
머리카락까지 바람을 타는 듯 뒤
로 나부껴 하늘세계에 대한 신비
감을 더하게 한다.

이엽선과 게로선(오봉선로표) 사마신이 무것가만으로 싱싱마를 접이 모루에 올라놓고 마치로 두드리려 한다. 수레바퀴의 선을 수레바퀴 닷주을 살펴뵈 마쳐질을 하고 있다. 저것의 일에 뭇두리고 있는 두 신 마두 코믄 뾰족하게 솟은 관을 거졌읍을 씌었다.

신농(오회분4호묘) : 구름을 헤치며 달려가는 듯한 신농의 오른손에 곡식이삭이 쥐어져 있다. 휘날리는 옷고름과 다리께의 옷자락 끝이 화면에 운동감을 더하여 준다.

편 불의 신인 수신은 오른손 위에 불씨를 들고 있으며, 쇠부리신인 단야신은 쇠를 단련하고 있다. 수레바퀴의 신인 제륜신은 바퀴살이 있는 개량된 수레바퀴를 만들고 있고, 숫돌의 신인 마석신은 숫돌을 갈고 있다. 6세기 고분벽화에 등장하는 이들 신들은 신농 외에는 앞 시기의 고분벽화에서는 보이지 않던 존재들이다. 이를 통해 고구려에 이들 문명신에 대한 신화나 전설이 전해지거나 고구려에서 이들 문명신에 대한 신앙이 존재하게 된 시기가 상대적으로 늦음을 짐작할 수 있다.

신농(삼실총) : 소매와 정강이쪽 옷자락 끝이 두 갈래로 나뉘었고, 그 끝이 날카롭게 뻗어나갔다. '하늘옷 '의 고구려식 표현이다. 신농은 본래 동이계 신화에 등장하던 존재이다.

하늘의 사자, 땅의 전령 : 새, 개, 말

북아시아의 여러 민족에게 새와 개, 말은 특별한 의미를 지닌 신성한 동물들이다. 하늘을 나는 새는 신과 사람의 의사소통을 가능하게 하는 전령이며, 개와 말은 죽은 자의 영혼을 조상신의 세계로 인도하는 사자이다. 실제 3세기 이래 요하 유역에서 고구려와 접촉이 잦았던 오환(烏丸)인은 사람이 죽으면 개가 그의 영혼을 조상신이 머무는 적산(赤山)으로 데리고 간다고 믿었다고 한다. 고구려에도 이와 유사한 신앙이 있었음을 고분벽화가 말해주고 있다. 집안에 있는 각저총 이음길 벽에는 목에 검은 띠를 한 누런 개가 아가리를 벌리고 이를 드러내며 짖는 모습이 커다

행렬 중의 말(개마총) : 화려하게 장식한 말 위에는 아무도 타고 있지 않다. 영혼이 타고 갈 말을 표현한 것이다.

렇게 그려져 있다. 또 장천1호
분 앞방 오른벽 백희기악도 중
무덤 주인의 발치에는 목에 검
은 띠를 두른 누런 개가 엎드려
있는 모습이 보인다. 그런데
그 크기가 시종 한 사람만하
다. 또 개 뒤에는 사람이 타지

무덤을 지키는 개(각저총): 목의 검은 띠는 이 개가 사람과 함께 지내던 존재임을 알게 한다. 죽은 주인의 무덤을 지키는 모습에서 주인에게 충실하면서도 용맹한 것으로 이름난 진돗개나 풍산개를 연상하게 한다.

않은 흰 말이 서 있는데, 아래편 사냥도의 말들보다도 훨
씬 크다. 각저총 벽화의 개는 사악한 귀신으로부터 무덤을
지키는 진묘수(鎭墓獸)의 일종이다. 그러나 다른 존재들
보다 특별히 크게 그려진 장천1호분 벽화의 개와 말은 죽
은 자의 영혼을 인도하는 존재로 여겨졌을 가능성이 높다.

개와 말(장천1호분): 개와 말을 평범한 존재로 보기에는 위치나 크기가 특별함을 알 수 있다. 하늘에 제사할 때 희생제물로 쓰이는 등 흰색 짐승은 예로부터 상서로운 존재로 여겨졌다.

땅과 하늘을 잇는 기둥 : 거대한 나무

고구려 사회에는 성스러운 나무에 대한 신앙이 있었다. 건국 설화에는 시조 주몽이 커다란 나무 아래에서 어머니 유화가 보낸 비둘기를 만난다는 내용이 있다. 이러한 이야기를 통해 신과 사람을 잇는 통로, 하늘사다리로서의 성스러운 나무에 대한 신앙을 읽을 수 있다. 각저총의 앞방 각 벽면은 가지가 서로 교차하는 듯한 커다란 나무 그림들로 가득 채워졌다. 무용총 벽화 중에도 이와 비슷한 커다란 나무들이 등장한다. 장천1호분 앞방 백희기악도에는 새털 모양의 뾰족한 자색 잎과 녹색의 넓은 잎을 지녔고 가지

자색 나무(장천1호분) : 세계 여러 곳의 신화에서 나무는 생명의 근원이기도 하다. 신화의 나무가 지닌 생명의 힘은 만물의 탄생을 가능케 한다. 벽화의 아름다운 새도 나무의 이러한 힘을 알고 있는지 모른다.

끝에는 주먹보다 큰 열
매가 달린 커다란 자색
나무가 묘사되어 있다.
나무 곁에는 나무를 향
해 날아오는 아름다운
새가 그려졌으며, 나무
밑에는 무덤 주인과 다
른 귀족이 앉아 있다.
모두 고구려인의 나무

에 대한 특별한 관념을 읽을 수 있게 하는 사례들이다.

거대한 나무(각저총): 고구려 건국 터전의 일부이기도 한 장백산맥 일대는 '나무의 바다'로 불리는 곳이다. 성스러운 나무에 대한 고구려인의 신앙이 어디에서 비롯되었는지를 짐작할 수 있다.

하늘세계를 받치는 자 : 역사(力士)

고분벽화에는 눈이 크고 코가 우뚝한 얼굴을 지닌 사람
들, 이른바 심목고비(深目高鼻)의 역사(力士)들이 등장한
다. 그 문화적 기원과 관련하여 눈에 띄는 존재들이다. 장
천1호분 앞방 천장고임은 비천과 기악천,
연꽃봉오리와 새들로 장식되었고, 고임 네
모서리의 삼각고임 측면 각 층은 그 위층을
힘껏 떠받치는 자세의 역사들로 채워졌다.
역사들은 하나 같이 크고 둥근 눈, 숱이 많

역사(前漢 장사 마왕퇴1호분출토 帛畵) : 거대한 괴어(怪魚)를 발판으로 삼아 머리 위의 세계를 떠받치고 있다. 받침판 곁에 비스듬히 거북 한 마리가 표현되었다. 중국신화에 등장하는 거대한 거북을 연상시킨다.

주유 (윤강석굴) : 그리스 신화의 아틀라스와 같은 존재이다. 중국의 신화에는 땅을 떠받치고 있는 거대한 거북이 등장하기도 한다.

은 머리털, 짙은 수염을 지녔다. 윗몸은 벗었고 아래에는 짧은 잠방이만 걸쳤다. 맨발인 이들은 두 다리를 좌우로 벌리고 엉덩이가 땅에 닿을 정도로 무릎을 굽혀 버틴 자세로 두 팔로 힘껏 위를 받치고 있다. 어떤 이는 이 일의 어려움을 나타내려는 듯 아래위의 이를 온통 드러낸 채 앙 다물고 있다. 삼실총 벽화에는 이러한 역사들이 널방의 각 벽면에 등장한다. 이들은 이른바 '땅과 하늘의 세계를 떠받치는 역사'이다. 인도, 중국, 그리스 등 동서의 고대 문명권에서 보편적으로 확인

되는 신화상의 존재이다. 중국에서도 전한(前漢) 이래 장의미술 중에 '세계를 떠받치는 역사'가 표현되고 있다. 그러나 인종적인 특징으로 볼 때, 장천1호분과 삼실총 등에 보이는 고분벽화의 역사는 불교의 전래와 함께 고구려에 전해진 서역계 문화의 한 요소로 보아야 할 것이다.

여러 모습의 역사들

역사(장천1호분) : 역사가 힘을 쓰고 있음을 나타내기 위해 팔과 다리의 근육을 두드러지게 표현하였다. 역사의 둥근 눈과 반듯한 코에서 서아시아 코카서스계 민족의 특징이 드러난다.

역사(삼실총) : 두 팔로 들보와 기둥을 힘껏 받치는 역사의 오른팔을 뱀이 감고 있다. 신화에서 뱀은 우주의 재생(再生)을 상징한다. 역사가 지닌 신화적 성격을 짐작할 수 있다. 역사가 고구려식 외상투를 틀고, 저고리와 바지를 걸친 점이 눈에 띈다.

역사(대안리1호분) : 널방벽의 모서리에 등장하는 역사 가운데 하나이다. 모서리의 자색 기둥이 역사로 대체된 것이다. 상투를 한 역사의 머리와 얼굴, 팔의 일부분만 비교적 뚜렷이 남았다.

지천역사(持天力士)와 용(오회분4호묘) : 벽모서리 기둥부분의 윗쪽에서 용이 내려오고, 그것을 아래쪽의 역사가 떠받치는 형국이다. 역사의 얼굴은 귀면(鬼面)이다.

하늘문의 통과의례 : 씨름

씨름 혹은 상박(相撲)은 고구려인에게 각별한 의미를 지닌 운동이다. 씨름은 생활풍속을 주제로 한 고분벽화에 비교적 자주 등장하는 제재 가운데 하나이기도 하다. 각저(角抵)나 상박은 오늘날 씨름, 택견으로 나뉘어 칭해지는 힘겨루기 기술을 통칭하는 용어이다. 집안에 있는 각저총 벽화에는 씨름에 열중하는 두 역사가 등장한다. 한 사람은 보통의 고구려인의 얼굴을 하고 있으나, 다른 한 사람은 눈이 크고 코가 높은 서역계 인물이다. 장천1호분 벽화에도 두 역사가 서로 상대방 왼쪽 어깨에 머리를 대고 오른

수박희(무용총) : 두 장사 모두 상투를 하였으며, 벌거숭이에 가깝다. 오늘날 택견으로 불리는 무술의 대련자세를 취하고 있는데, 구부리고 편 팔과 다리의 자세에서 힘과 긴장감이 느껴진다.

쪽 어깨는 상대의 왼편 갈 빗대에 맞댄 채 두 손을 뻗 어 상대 등쪽의 바지 허리 춤을 잡고 왼쪽 허벅지는 펴 상대의 사타구니 아래 에 이르게 한 자세로 씨름 에 열중하는 모습이 보인

다. 오른편 역사의 얼굴은 보이지 않으나, 왼편 역사의 얼 굴은 보통의 고구려인과 같다. 안악3호분에는 수박희(手 撲戱) 장면이 보이는데, 두 남자 가운데 한 남자의 얼굴은 서역계이다. 무용총 벽화의 수박희에도 두 남자 가운데 한 사람은 전형적인 고구려인인 반면, 다른 한 사람은 서역계 인물이다.

씨름은 내륙 아시아의 여러 민족에게는 장례 때에 행하 는 행사의 하나였다. 또 일본에서도 장의의 한 절차였던 씨름은 백제 사신 및 백제계 이주민과 관련 있는 것으로 이해되고 있다. 고구려의 벽화를 보면 고구려에서도 씨름 이 장의행사의 일환으로 행해졌음을 짐작할 수 있다. 각저 총 벽화에서 씨름하고 있는 두 역사와 심판하는 노인 사이 의 공간에는 새구름무늬가 표현되어 있는데, 이 무늬는 벽 화 속의 씨름이 현실세계에서 행해지는 놀이가 아님을 상

씨름(장천1호분): 각저총 벽화와 함께 우리 고유의 씨름 모습을 보여주는 가장 오랜 회화적 표현의 하나이다.

씨름(각저총, 1990년대 촬영): 60여년의 세월이 흐르면서 고구려인 씨름꾼의 몸체 부분을 비롯하여 벽화의 많은 부분이 손상되었음을 알 수 있다. 두 사람의 하체 부분은 이제는 거의 알아보기 어렵다.

징한다. 벽화에는 씨름장면과 음식상을 나르는 장면을 나누는 커다란 자색 나무가 등장한다. 나뭇가지 사이의 검은 새들과 나무 밑둥의 곰과 호랑이 등으로 보아 나무는 하늘세계와 땅의 세계를 잇는 하늘사다리와 같은 존재이자 서로 다른 두 세계 사이의 경계이다. 그렇다면 벽화의 씨름은 새로운 세계의 입구에서 행해지는 의미 깊은 행사인 셈이다. 이와 같은 정황으로 보아 고구려에서 씨름이나 수박희는 현실세계의 놀이와 운동이기도 했지만, 죽은 자의 영혼을 타계(他界)로 보내기 위해 행하던 통

과의례의 한 과정이기도 했던 듯하다.

집안에 있는 각저총 벽화는 두 역사가 벌이는 씨름장면
을 생생하게 전달하고 있는데, 자세히 살펴보자(얼굴이 뚜
렷이 보이는 사람이 고구려인이다).

① 상투 : 이른바 '동이(東夷)의 상투'의 가장 오랜 모습이다. 고구려인
은 이 위에 두건, 절풍(折風), 책(幘) 등의 모자를 쓴다. 고구려인의 상
대자인 서역계 인물도 상투를 하였다.
② 서역계 인물의 얼굴 : 큰 눈이 긴장하여 초승달 모양이 되었으며 눈
썹도 찌푸려졌다. 뾰족한 매부리코의 코털이 여러 가닥 길게 콧구멍 바
깥으로 나왔는데, 기운을 쓰느라 코와 입으로 가쁜 숨을 내쉬고 있기
때문이다. 입도 약간 벌리고 있다.
③ 고구려인의 얼굴 : 눈이 작고 코가 낮으며 광대뼈 부분이 넓어 인종
적 특징이 드러난다. 씨름과 같은 힘쓰는 경기에 익숙한 듯 목이 굵다.
④ 근육 : 팔과 다리의 곳곳에 긴장된 곡선으로 근육을 표시하여 두 장
사가 힘을 쓰고 있음을 나타내고 있다.
⑤ 샅바 : 두 장사 모두 오늘날과 같은 샅바를 허리와 다리에 걸쳐 매고

있으며, 두 손으로
이 샅바를 움켜쥐
거나 감아쥐고 있
다. 고구려 때에는
이미 샅바의 원형
이 마련되었음을
알 수 있다.
⑥ 아래옷 : 짧은
반바지류의 옷을
걸쳤으며, 그 위에
샅바를 걸쳤다.

씨름(각저총, 1930년대 촬영) : 발
견 당시 두 씨름꾼의 형체는 비
교적 뚜렷이 남아 있었다. 팔과
다리의 팽팽한 근육선을 통해 두
사람이 씨름에 열중하고 있음을
알 수 있다.

2. 하늘세계의 가족들

1) 해와 달, 별자리

해와 달

고구려에서는 시조 주몽을 '해와 달의 아들이며, 하백(河伯)의 외손(外孫)'으로 믿었다. 이렇듯 고구려인에게 해와 달은 민족정체성과 관련하여 특별한 의미를 지니는 천체(天體)이다. 때문에 고구려 고분벽화에는 거의 빠짐없이 해와 달이 그려진다. 고분벽화에서 해는 흔히 원륜 안에 세발까마귀가 들어 있는 모습으로 표현된다. 또한 달은 원륜 안에 두꺼비, 옥토끼, 계수나무가 홀로 혹은 두 가지 이상이 함께 들어 있는 형상으로 그려진다. 원륜 안의 세발까마귀는 대개의 경우 공작 벼슬을 단 채 날아오르려는 까마귀의 모습으로 그려지지만, 비둘기나 기러기 모습으로 표현되

해와 달, 별자리(진파리1호분) : 불꽃에 휩싸여 회전하는 듯한 두 원륜 안에 해의 상징인 세발까마귀와 달을 나타내는 두꺼비와 옥토끼, 계수나무가 들어 있다. 옥토끼는 뒷발로 서서 계수나무 아래에 놓여 있는 약절구 속의 물질을 찧고 있다. 약절구 속에는 불사약이 들어 있을 것이다.

해와 달(쌍영총) : 빠르게 흐르는 구름 사이로 해와 달이 떠 있다. 붉은 빛 해 안의 세발까마귀의 머리에는 공작형 벼슬이 달렸다. 등을 보이며 엎드린 달 속의 두꺼비는 머리를 왼편으로 틀고 입에서 화염을 뿜어내고 있다.

는 예도 있다. 원륜 안의 두꺼비는 엎드린 모습으로 그려지는 것이 일반적이다. 그러나 불꽃을 뿜는 형상인 것도 있고, 풍뎅이 모양인 것도 있다. 옥토끼는 약절구를 앞에 두고 사람처럼 서서 불사(不死)의 선약(仙藥)을 찧는 모습

해(오회분4호묘)   해(각저총)

하늘세계의 별자리(덕화리1호분): 상하좌우로 이어진 육각귀갑문(六角龜甲文) 안에 달과 별자리, 구름, 고사리무늬 등이 표현되었다. 달 속에는 두꺼비와 옥토끼가 들어 있으나 계수나무는 보이지 않는다.

해(덕화리1호분): 해 안의 세발까마귀가 날개를 접은 채 얌전히 서 있다. 검은 원 안에 붉은 원을 하나 더 그려 해를 나타냈다.

으로, 혹은 단순히 서 있는 모습으로 표현된다. 무덤칸의 천장고임에 그려지는 해와 달은 동쪽과 서쪽을 나타내는 방위표지이기도 하다.

금구(金具)의 해(진파리7호분 출
토) : 금구의 한 가운데 이중 원륜
을 나타내고 그 안에 세발까마귀
를 표현하였다. 해 위에 봉황류
의 새 한 마리가 서 있으며, 해
아래 좌우에 몸을 크게 틀며 포
효하는 용을 두 마리 나타냈다.
고구려 장인의 뛰어난 금속공예
술을 보여주는 유물 가운데 하나
이다.

달(각저총) : 달을 나타내는 원은
거의 남아 있지 않다. 엎드린 두
꺼비의 모습이 맹꽁이를 닮았다.

달(쌍영총): 두꺼비의 머리가 현무를 이루는 거북의 머리를 닮았다. 두꺼비의 앞발 뒷쪽에 털과 같은 것들이 보이는데, 이 달두꺼비가 상서로운 존재임을 나타내는 표시인 듯하다.

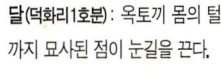

달(덕화리1호분): 옥토끼 몸의 털까지 묘사된 점이 눈길을 끈다.

달(개마총): 약절구를 찧는 옥토끼의 곁에 두꺼비가 엎드려 있다. 절구공이가 나무막대처럼 가늘고 길다.

고구려인은 별자리에 대해서도 각별한 신앙을 지녔다. 벽화고분 무덤칸 천장고임에는 해와 달과 함께 여러 가지 별자리들이 보인다. 무덤칸 천장고임에 가장 즐겨 그려진 별자리는 남두육성(南斗六星)과 북두칠성(北斗七星)이다. 해와 달이 동과 서를 나타내는 존재라면, 남두육성과 북두칠성은 남쪽과 북쪽을 가리키는 별자리이다. 중국 위진시대(魏晉時代)의 도교에서는 '남두육성은 삶을 주관하고, 북두칠성은 죽음을 관장한다' 는 관념을 바탕으로 두 별자리에 대한 신앙을 중시했다. 이를 볼 때 고구려에도 이와

해와 달, 별자리(장천1호분): 해와 달, 북두칠성과 남두육성으로 널방이 하늘세계임을 나타냈다. 해 안에는 세발까마귀가, 달 안에는 두꺼비와 약 찧는 옥토끼가 들어 있다.

유사한 별자리 신앙이 있었을 가능성이 있다. 장천1호분
의 널방 천정에는 해와 달과 함께 북두칠성이 표현되어 있
는데, 별자리 옆에 붉은 글씨로 '북두칠청(北斗七靑)'이라

남두육성(오회분4호묘): 남두육성
은 사람의 수명과 관련된 별자리
이다. 한 선인이 손에는 약그릇
을 받쳐들고 공작과 비슷한 새를
타고 남두육성을 향해 날아오고
있다. 약사발에 담긴 붉은 용액
은 불사약일 것이다.

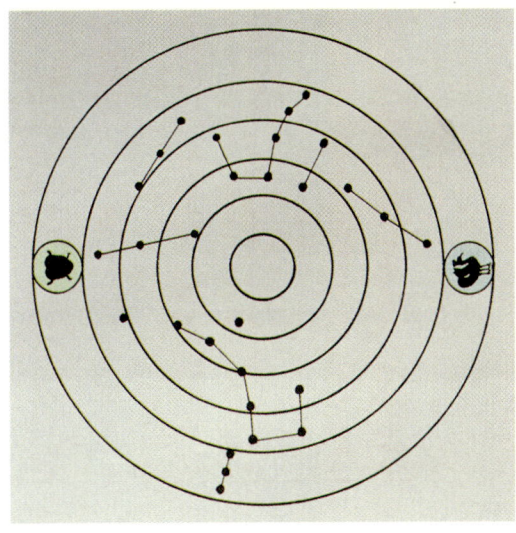

별자리 배치도(각저총): 해와 달,
북두칠성과 남두육성 외에 동측
에 누수(婁宿)와 삼수(參宿), 서
측에 심수(心宿)와 익수(翼宿),
북측에 허수(虛宿), 북두칠성 자
루의 제6성 곁에 북극성 등이 보
인다. 이들 별자리의 대부분은
해가 움직이는 길을 따라 배정된
하늘의 28별자리에 속한다.

신화 67

북두칠성(덕화리1 호분) : 덕화리2호 분과 함께 북두 칠성이 가장 크 고 뚜렷하게 표 현된 경우이다.

써 있다. 북두칠성에 대한 고구려인의 깊은 신앙을 읽을 수 있다.

하늘세계의 별자리와 선인, 신령한 짐승들(덕흥리벽화분): 하늘세계는 선인과 옥녀, 신령한 새와 짐승들이 노니는 곳으로 여겨졌다. 달 속의 두꺼비가 풍뎅이처럼 표현되었다.

북두칠성(안악1호분): 고구려인에게는 북두칠성이 북방을 나타내는 대표적인 별자리로 여겨졌다. 고구려 고분벽화에는 북두칠성이 20차례나 표현된다. 우리 민속의 칠성신(七星神)은 북두칠성을 인격화한 것이다.

2) 신선과 상서동물들

신선

고구려인의 신선 신앙은 고분벽화를 통해 그 내용과 정도를 짐작할 수 있다. 고분벽화에서 신선은 보통 하늘세계의 별들과 함께 무덤칸의 천장고임에 그려진다. 신선은 날개도 없이 하늘을 나는 모습으로 그려지기도 하지만, 학(鶴)이나 봉(鳳), 용(龍), 기린(麒麟)과 같은 신성한 새나 짐승을 타고 하늘을 나는 형상으로 표현되는 경우가 보다 일반적이다. 신선가(神仙家) 계통의 문헌에서 신선들은 '천

신선(강서대묘): 한 신선이 꼬리 깃이 긴 새를 타고 신산(神山)을 향하고 있다. 봉우리 셋이 뚜렷한 신산은 신선들이 산다는 곤륜산(崑崙山)이나 삼신산(三神山)일 것이다.

신선(오회분4호묘): 용을 탄 선인
은 몸을 틀어 뒤를 돌아보며 호
각(胡角)을 불고 있고, 학을 탄
선인은 그 모습을 바라보며 앞으
로 나아가고 있다. 허공을 차며
나아가는 용의 뒷발 끝이 달에
닿을 듯 가깝다.

의(天衣)'라는 인간세계와는 다른 형태의 옷을 걸치며, 귀
가 당나귀의 귀처럼 길다든가 하여 일반인의 모습과는 구
별되는 신체적 특징을 지닌 것으로 표현된다. 실제 당나귀
처럼 긴 귀를 가진 신선이 무용총 벽화에 등장한다. 오회
분5호묘 등 여러 고분벽화에는 옷자락 끝이 몇 갈래로 나
뉜 보통 사람과는 다른 옷을 걸친 신선들이 나타난다.

신선(무용총): 새를 탔으면서,
다시 두 마리 새에 고삐를 매
어 자신을 끌고 앞으로 나아
가게 한 점이 눈길을 끈다. 신
선이 탄 새가 수레인 셈이다.

신선(무용총) : 비교적 넓은 평상
에 앉은 신선의 팔이 유난히 길
다. 둥근 깃의 통옷을 걸쳤다.

신선(통구사신총) : 앞의 신선은
상 위에 펼쳐진 종이에 글을 쓰
고 있으며, 뒤의 신선은 막대를
무엇인가와 마찰시켜 불을 지피
고 있다. 두 신선이 입은 옷은 끝
자락이 여러 갈래로 나뉜 고구려
식 천의이며, 모두 맨발이다.

신선(무용총) : 허공 속을
흐르는 어떤 기운에 끌
려가는 듯한 모습이다.
끌려가지 않으려는 듯
두 무릎을 굽히고 머리
를 제꼈으나, 두 팔 부
분은 이미 강한 기운에
싸여 그 형체가 분명치
않다.

신선(오회분4호묘) : 뾰족하게 솟다가 끝이 벌어진 신선의 모자가 이채롭다. 신선이 몸에 걸친 옷의 깃이 좌우로 열려진 상태이다. (위)

신선(덕흥리벽화분) : 선인의 오른손 곁에 '선인지번(仙人持幡)'이라는 묵서(墨書)가 쓰였다. 왼손에 쥐고 있는 것이 깃발의 막대이다. 바짓자락의 끝이 좌우로 나뉘었으며, 맨발이다. (아래)

신선(오회분4호묘) : 구름 사이를
날며, 몸을 틀어 손에 받쳐든 약
사발을 바라보고 있다. 사발 속
에 든 붉은 용액은 말 그대로 장
생불사의 신선이 되게 하는 단약
(丹藥)일 것이다.

신령한 짐승과 새들

기린 기린은 중국의 옛 문헌에서 '모양은 사슴 같고,
이마는 이리, 꼬리는 소, 굽은 말과 같으며, 머리 위에 뿔
이 한 개 있는' 동물로 묘사된다. 기린은
우주질서의 운행이 바르게 이루어질 때,
곧 현실사회가 이상적인 모습
을 보일 때 나타난다는 상서로운
짐승이다. 이처럼 평화의 도래를 상

기린(강서대묘)

기린(안악1호분): 벽화의 다른 기린들과 달리 날개를 지닌 점에서 서아시아 신화에 등장하는 유니콘에 가깝다. 그러나 말 모양이 아닌 사슴 모양인 점에서는 유니콘과 구별된다. (위, 왼쪽)

기린(삼실총): 기린의 갈기가 여러 개의 긴 창을 나란히 들고 있는 것처럼 그 끝이 날카롭게 뒤로 뻗어나갔다. 갈기와 달리 꼬리는 아래로 처졌다. (위, 오른쪽)

기린(장천1호분): 기린은 흔히 사슴 모양으로 그려지지만, 말 모양으로 묘사되기도 한다. 벽화의 기린은 말 모양에 속한다. 강한 운동감을 자아내기 위해 갈기와 꼬리 끝을 날카롭게 표현하였다.

징하는 신성한 짐승인 기린은 서조(瑞鳥)인 봉황과 짝을 이루는 존재로 여겨지기도 한다. 조각의 형태로 무덤 입구에 놓여지기도 하고, 무덤칸에 벽화로 그려지기도 하는데, 이 때의 기린은 사후세계(死後世界)의 수호자이자 인도자라고 할 수 있다.

새 신령한 새와 짐승에 대한 관념은 별자리 신앙 및 신선 신앙의 소산이다. 덕흥리벽화고분에는 신령한 새와

서조(무용총): 부리에 문 붉은 열매가 '사당(沙棠)'이라면, 이 새는 전설상의 봉황이다. 봉(鳳)은 수컷, 황(凰)은 암컷을 가리킨다. 한 번 날면 구만리를 난다는 전설상의 새이다. 깃털도 빠뜨린다는 약수(弱水)를 건너려면, 봉황조차도 사당이라는 열매를 물고 날아야 한다고 한다. 약수는 곤륜산을 둘러싼 강의 이름이다.

양광(덕흥리벽화분): 해 안의 세발 까마귀를 연상시키는 새 곁에 '양광지조 이화이행(陽燧之鳥 履火而行)'이라는 글이 쓰였다. 실제 새의 두 발 밑에는 불꽃이 표현되었다. 이 새가 이름 그대로 불새임을 알 수 있다.

짐승이 모두 앞방 천장 궁륭부에 별자리 및 선인, 옥녀(玉女)들과 함께 표현되고 있다. 고분벽화에 표현된 신령한 존재들 가운데에는 상서로운 새의 비중이 높다. 인두조류(人頭鳥類)를 포함하면 고분벽화에서 상서로운 새의 출현 빈도는 다른 신령한 짐승의 표현사례를 압도한다. 인간이 하늘을 나는 새에 대해 품던 보편적인 동경의 산물이기도 하지만, 모자에 새깃 꽂기를 즐기던 고구려인의 새에 대한 신앙의 표현이기도 하다.

서조(삼실총) : 날개깃과 꼬리깃, 몸통 등에 짧은 털이 몇 가닥씩 뻗어나왔다. 이는 이 새가 상서로운 존재임을 나타내는 표시일 것이다.

서조(안악1호분) : 긴 꼬리깃이 세 가닥이다. 날개짓하며 막 날아오르려는 자세이다.

말 내륙 아시아의 여러 민족에게 말은 영혼을 나르는 신성한 동물 가운데 하나로 여겨졌다. '하늘을 나는 말'에 대한 관념도 말에 대한 이와 같은 신앙에서 비롯되었다. 그리스 신화 중의 페가수스도 서아시아의 천마신앙에서 비롯된 존재이다. 서아시아에서 태양의 운행은 태양신이

천마(안악1호분) : 날개가 달려 있어 서아시아 및 그리이스 신화의 '페가수스' 를 연상시킨다. 곁의 불꽃에 비해 크기도 작아 장난감처럼 앙징맞은 느낌을 준다.

천마(덕흥리벽화분) : 하늘세계를 달리는 말의 모습이 사실적으로 묘사되었다. 운동감을 나타내기 위해 꼬리를 S자꼴로 표현하였다.

천마가 이끄는 전차(戰車)를 타고 하늘의 이 편에서 저 편으로 건너가는 과정으로 여겨졌다.

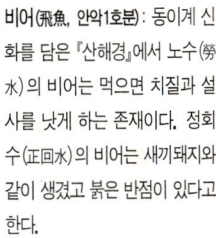

천록(天鹿, 삼실총): 입을 벌려 크게 울부짖는 모습이다. 검은선으로만 나타낸 뿔의 가지 끝이 날카롭다.

비어(飛魚, 안악1호분): 동이계 신화를 담은『산해경』에서 노수(勞水)의 비어는 먹으면 치질과 설사를 낫게 하는 존재이다. 정회수(正回水)의 비어는 새끼돼지와 같이 생겼고 붉은 반점이 있다고 한다.

비어(덕흥리벽화분): 이 비어는 물속을 헤엄치는 것이 아니라 하늘을 날고 있다.『산해경』의 비어들과는 다른 존재인 듯하다.

박위(덕흥리벽화분) : 머리 앞에 '박위지의두생사이 ㅁ유(득)자 명재어우(博位之猪頭生四耳 ㅁ有 (得)自明在於右)'라 적혀 있다. 실제 머리에 귀가 넷 달렸다. 보통 짐승들에 비해 목이 길다. (위, 왼쪽)

길리(덕흥리벽화분) : 짐승의 몸에 새의 날개와 꼬리를 하고 있다. 머리에는 두 개의 뿔이 솟았으며, 두 다리의 형체가 불분명하다. (위, 오른쪽)

부귀(덕흥리벽화분) : 머리의 모습이 말에 가깝다. 두 다리는 맹금류의 그것을 흉내냈다. (가운데)

영양(덕흥리벽화분) : 머리 앞에 '영양지상 학도불성 두생칠 ㅁ (零陽之象 學道不成 頭生七ㅁ)'이라는 글이 있다. 글 내용으로 보아 영양은 학문의 성취와 관련된 짐승이다.

상상 속의 짐승들

덕흥리벽화분에는 박위(博位), 길리(吉利), 부귀(富貴), 영양(零陽) 등의 기이한 짐승들이 나타난다. 이름에서 짐작할 수 있듯이 인간의 길흉화복(吉凶禍福)과 관련된 신령스러운 짐승들이다. 사람은 살아가면서 길리(吉利)한 일이 많고 부귀(富貴)를 누리기를 소망하기 마련인데, 이들은 그와 같은 소망을 보장하는 상상 속의 존재들이다.

고구려의 고분에서는 천추, 만세라는 글자가 포함된 명
문(銘文)을 새겨 넣은 이른바 '천추전(千秋塼)', '만세전
(萬歲塼)'이 심심찮게 발견되곤 한다. 무덤이 오랫동안 잘
보존되기를 기원하는 뜻에서 죽은 이와 함께 묻은 것들이
다. 사람들이 여기에서 한 걸음 더 나아가면 죽은 자와 산
자의 천추, 만세를 보장하는 존재를 상정하게 된다. 이로
말미암아 나타난 것이 천추, 만세라는 기금이수(奇禽異
獸)이다. 천추전과 만세전은 대동강 유역의 낙랑 고분에

인두조(무용총): 1930년대까지
벽화에 남아 있던 얼굴 부분이
지워진 상태이다. 천왕지신총 벽
화의 천추와 생김새가 많이 닮은
것으로 보아 이 새 역시 천추일
가능성이 있다.

천추(덕흥리벽화분) : 머리에 뿔이 셋인 관(冠)을 썼다. 항상 만세와 짝을 이루어 등장한다.

만세(덕흥리벽화분) : 머리에 쓴 관 아래로 머리카락이 흘러내렸다. 계란꼴에 가까운 얼굴의 세부까지 잘 남아 있다.

서도 발견된다.

천왕지신총 벽화에는 천왕(天王)과 함께 지신(地神)이 등장한다. 이 지신이란 땅의 세계를 안정시키는 힘이 의인 화된 것이다. 덕흥리벽화분에 보이는 지축(地軸)과 같은 존재이다. 성성(猩猩)은 『산해경(山海經)』에 소개된 사람 의 말을 하는 인면수(人面獸)이다. 술을 매우 좋아하여 사

하조(덕흥리벽화분): 인두조의 일종이다. 유난히 긴 목 앞에 '하조지상 학도불성 배부약ㅁ(賀鳥之象 學道不成 背負藥ㅁ)'이라는 글이 써 있다. 글에도 있듯이 등에 짊어진 약병은 학문의 성취 여부와 관련된 것이다.

천추(천왕지신총): 머리 앞에 천추(千秋)라고 쓴 글이 남아 있다. 머리에 쓴 관의 형태가 덕흥리벽화분 천추의 것과 다르다.

람들이 술독을 미끼 삼아 이 짐승을 잡는다고 한다.

지축 (덕흥리벽화분) : 왼쪽의 머리 앞에 '지축일신양두(地軸一身兩頭)' 라 써 있다. 왼편의 머리가 고개를 돌려 다른 머리를 보고 있다. 상투 끝에서 검은 선이 몇 가닥이 새깃처럼 뻗어나왔다.

지신 (천왕지신총) : 덕흥리벽화분의 지축과 달리 뱀의 몸을 지녔으며, 몸을 원형으로 틀어 두 머리 부분이 마주보는 자세이다. 두 얼굴은 정면을 향하였다. 몸을 틀면서 굴곡진 부분을 선으로 처리하여 몸의 부피감을 제대로 나타내지 못하였다.

성성(덕흥리벽화분) : 『산해경』에는 이 짐승을 잡아먹으면 잘 달리게 된다고 쓰여 있다. 사람이 이 짐승을 잡으려고 술독과 여러 켤레의 신발을 끈으로 이어 놓아두면, 그 조상의 이름을 들먹이며 꾸짖고 욕을 하며 지나가지만, 결국 되돌아와 술을 마시고 신발을 신어보다가 사람에게 붙잡히고 만다는 재미있는 짐승이다.

인두수(안악1호분) : 사람의 머리 부분 일부가 남아 있지만, 얼굴 세부는 알아보기 어렵다. 짐승 몸이 덕흥리벽화분의 성성의 그것과 닮았다.

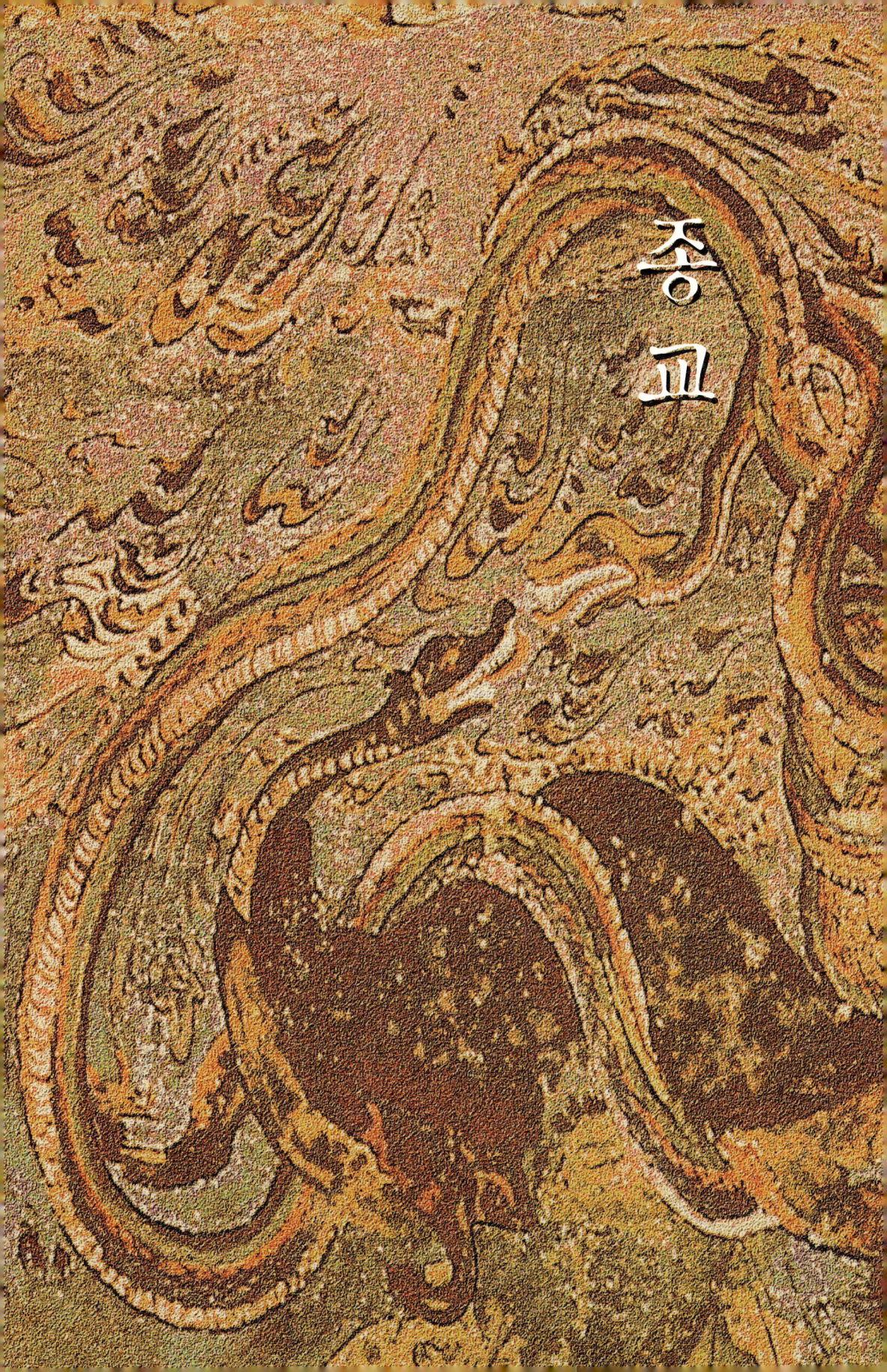
종
교

1. 불교의 전래와 새로운 내세

1) 여래와 보살의 방문

고구려가 불교를 공인한 해는 372년(소수림왕 2년)이다. 이 해에 당시 북중국의 패자(覇者)로 군림하던 전진왕(前秦王) 부견(符堅)이 불상·불경과 함께 승려 순도(順道)를 고구려에 보냈다. 이를 계기로 소수림왕(小獸林王)은 고구려인이 불교를 믿고 전하는 것을 허락한다. 그러나 고구려에 불교가 전해지고, 불교를 믿는 사람이 생긴 시기는 이보다 훨씬 전이다. 실제 4세기 전반 동진(東晉)의 고승 지둔(支遁, 314~366)이 고구려의 도인(道人)에게 편지를 보냈음이 문헌에 나타나 있다. 357년경 제작된 안악3호분 벽화에도 불교와 관련된 표현으로 이해되는 연꽃무늬가 보인다.

고구려가 불교를 공인한 것은 고구려 자신의 필요성에 의해서이다. 소수림왕은 즉위 초기부터 사회체제 전반을 재정비하고자 하였는데, 불교는 사회 전반의 정신적 통합을 위한 구심점 역할을 할 수 있었기 때문이다. 공인 이후 아도(阿道)를 비롯해 승려가 잇따라 입국하고, 여러 곳에 사원이 세워지는 등 고구려에서 불교와 관련한 활동은 크게 활발해진다. 국가도 불교 신앙을 장려한다. 소수림왕의 뒤를 이은 고국양왕(故國壤王)은 불교를 믿어 복을 받으라는 교시(敎示)를 내리고, 광개토왕(廣開土王)은 평양에 사원을 9개나 창건한다.

이와 같이 국가의 적극적인 후원을 받자, 한 사회에서 가장 보수적이라고 할 수 있는 내세관에까지 불교의 영향력이 미치게 된다. 불교에서는 지금의 삶 이전의 삶과 현재의 삶을 통해 맺은 인연, 이로 말미암아 쌓은 업(業)에 따라 내세(來世)의 삶이 결정된다고 한다. 새로운 삶의 모습은 수레바퀴가 돌듯이 반복되는 여섯 가지의 삶, 곧 육도(六道) 가운데 하나가 될 수 있다. 인연의 사슬을 끊고 윤회의 수레바퀴를 떠난 정토(淨土)에서의 삶이 될 수도 있다. 고구려인은 본래 죽은 후에는 조상들의 세계로 되돌아간다고 믿었다. 그러나 이전과 달리 불교의 하늘 세계나 낙원인 정토에서 다시 태어나기를 원하는 사람들도 생겨났다. 이른바 재래의 계세적(繼世的) 내세관에서 불교의 전생(轉生) 및 정

토왕생적(淨土往生的) 내세관으로의
이행이다. 5세기 고구려 고분에서 발
견되는 연꽃을 주제로 한 고분벽화는 이
러한 새로운 내세관의 등장과 관련이 깊다.

427년 장수왕이 평양으로 수도를 옮긴 후 불교는 더욱
널리 일반에 퍼지고 불교의 사회적 영향력도 확대된다.
장수왕에 의한 평양 천도는 여타의 정치·경제적 목적 외
에 불사(佛寺)로 둘러싸여 불력(佛力)의 보호를 받는 새로
운 왕도(王都)로의 천도라는 의미도 함축한 행위로 이해
되고 있다. 평양에 세워진 금강사탑(金剛寺塔)은 9층으로
된 높이 90m의 거대한 목조불탑인데, 신라 경주의 황룡
사탑(皇龍寺塔), 백제의 익산 왕궁리 백제대탑(百濟大塔)
과 함께 삼국을 대표하는 불탑이라고 할 수 있다. 당시 평
양을 중심으로 번성하던 고구려 불교의 현황을 짐작하게
하는 좋은 표본이다.

그러나 고구려인의 내세관에까지 영향을 끼칠 정도로
번성했던 불교도 6세기 중엽부터는 쇠퇴의 기운을 보이
기 시작한다. 왕위 계승을 둘러싼 정쟁(政爭) 등으로 정치
가 혼란해지면서 불교에 대한 국가의 후원도 줄어든다. 이
렇게 되자 혜량(惠諒)과 같은 고승도 신라로 망명하는 등
불교계도 흔들리는 모습을 보인다. 이에 따라 불교의 사회

적 영향력은 크게 약화된다.

이제 이전에 불교가 차지했던 자리는 재래의 무속 신앙과 신선 신앙으로 대체된다. 이후 7세기에 들어서면 도교 계통인 오두미교(五斗米敎) 신앙이 민간에 유행한다. 국가에서도 정책적으로 당으로부터 도교를 수용하여 정착시키려 한다. 이처럼 불교의 부흥과는 거리가 있는 흐름이 계속되자 6~7세기 고분벽화에도 그 영향이 반영되어 나타나게 된다.

예불(장천1호분) : 여래에 절을 하는 남녀는 귀족 부부일 것이다. 예불자의 정체를 드러내기 위해 절을 하는 두 사람의 얼굴을 옆으로 돌려 놓았다. 예불자 위의 비천들은 연꽃잎을 뿌려 여래의 덕을 기리고 있다.

여래세계로의 귀의(歸依) : 예불

①여래상 : 현재 남아 전하는 불교회화 가운데 가장 오랜 사례이다. 고구려에서 불교를 수용한 초기에 여래를 어떻게 인식했는지를 추정하게 하는 귀중한 자료이다.

②육계(肉髻)와 나발(螺髮) : 육계는 부처 머리 위의 지혜를 상징하는 튀어나온 부분을, 나발은 더듬이꼴로 굽은 머리카락을 가리킨다. 중국인은 간다라 및 마투라 양식으로 전해진 초기 불상의 육계와 나발을 상투의 일종으로 이해하였다. 이로 말미암아 중국식의 북상투를 한 불상이 나타났다. 벽화의 불상은 중국식의 변형을 거치지 않고 고구려에 전해진 듯 육계와 나발이 북상투 모양이 아니다.

③얼굴 : 간다라식 불상의 특징인 수염을 지닌 모습이다. 이마 위에 호상(毫相)이 있으며 눈을 가늘게 떴다. 얼굴 세부는 더 이상 서역계 인물의 특징을 남기지 않고 있다.

④선정인(禪定印) : 선정인은 손바닥을 편 채로 왼손을 배꼽 아래에 두고, 그 위에 손바닥을 편 오른손을 얹어 두 엄지손가락을 맞댄 손의 자세를 말한다. 석가가 보리수 아래 금강좌에 앉아 깊은 생각에 잠겨 있을 때 취한 첫 수인(手印)으로 삼매인(三昧印)이라고도 한다. 초기 불상의 특징적인 수인이다.

⑤결가부좌(結跏趺坐) : 두 다리를 꼬고 앉되, 두 발바닥이 위로 드러나게 한 자세이다. 요가의 기본자세 가운데 하나로이다. 왼발을 오른쪽 다리 위에 얹은 다음 오른발을 밖에서 왼쪽 다리 위에 얹은 것을 길상좌(吉祥座)라 하며, 좌우의 위치를 바꾼 자세를 항마좌(降魔座)라 한다.

⑥통견대의(通肩大衣) : 대의란 여래가 겉에 입은 옷을 가리킨다. 초기 불상은 거의 예외없이 두 어깨를 모두 가리는 통견대의를 입은 모습으로 표현된다. 선정인과 함께 벽화의 불상이 이른 시기의 것임을 나타내는 표현이다.

⑦수미좌(須彌座) : 불상의 대좌 가운데 허리가 잘록하며 일체 다른 장식이 없는 형태이다. 초기 불상에 동반되는 보조물의 하나이다.

⑧향로(香爐) : 특별한 장식이 없는 초기의 단순한 박산로형이다.

⑨호법사자(護法獅子) : 입을 크게 벌리고 혀를 길게 내민 모습이 개를 연상시킬 정도로 암수 사자의 표현이 고졸하다. 중국 북위(北魏) 석굴사원의 조각에서 유사한 표현을 찾을 수 있다. 대좌 좌우에 사자를 표현한 것을 사자좌(獅子座)라고 칭하기도 한다. 사자좌는 여래상에서만 나타난다.

⑩광배(光背)와 성수(聖樹) : 불꽃무늬로 장식된 광배가 있고, 그 뒤에 자색띠무늬로 장식된 녹색막과 같은 것이 있는데, 이것은 성스러운 나무이다. 유사한 나무를 4세기 이전 제작된 중앙아시아의 석굴사원 벽화에서 찾을 수 있다.

여래세계를 찬미하는 이들

보살(菩薩) ①보살상 : 현재 남아 전하는 보살을 나타낸 불교회화 가운데 가장 오랜 사례이다. 보살은 보리살타의 준말로 위로는 깨달음을 구하고 아래로는 중생을 교화하여 마침내 성불(成佛)에 이르는 중생을 일컫는다. 여래와 달리 보살은 지물과 장식에 의해 수행의 정도를 드러낸다. 대부분의 보살은 머리에는 아름다운 보관을 쓰고, 목에 화려한 영락을 걸치며, 몸에는 위에는 천의(天衣), 아래에는 긴 치마류의 군의(裙衣)를 입고, 허리에는 아름다운 띠를 맨 모습으로 표현된다.

②보관(寶冠) : 보관은 여래, 보살, 명왕(明王), 천부(天部) 등의 장엄에 쓰이는 기물의 하나이지만, 일반적으로 보살의 장식물 가운데 하나로 인식되고 있다. 보살이 쓴 보관에는 보살의 정체와 관련된 장식이 더해진 경우가 많다. 관음보살은 아미타불, 대세지보살은 수병(水甁), 미륵보살은 탑이 새겨진 보관을 쓴 모습으로 표현된 예가 자주 발견된다.

③두광(頭光) : 불교뿐 아니라 대부분의 종교에서 성스러운 존재를 나타내는 방법으로 널리 쓰이는 것이 머리 둘레나 몸 전체를 빛으로 감싸는 광배 표현이다. 불교에서는 처음에 석가모니불에만 광배를 표현했다. 그러나 시간이 흐르면서 모든 부처와 보살, 천신(天神)들에게도 광

범위하게 쓰이게 되었다.

④ 얼굴 : 대부분 수염을 길렀으며, 눈이 둥글고 코가 또렷하며 얼굴선이 깔끔하다. 중앙아시아 불교미술과의 관련성을 엿보게 한다.

⑤ 영락(纓珞) : 보관과 함께 보살임을 나타내는 표지적 장식물로 여겨진다. 보살의 수행에 따라 금, 은, 동, 유리, 수정 등의 영락을 얻을 수 있다. 영락은 각기 기능과 위력이 있어 중생의 제도에 쓰인다고 한다. 늘어뜨려진 영락이 배 앞에서 X자꼴로 교차하고 있다.

⑥ 지물(持物) : 불, 보살, 천인은 보관의 장식과 함께 손에 든 물건의 내용에 의해 구별하기도 한다. 관음보살은 수병이나 연꽃, 지장보살은 석장(錫杖)이나 윤보(輪寶), 범천(梵天)은 불자(拂子), 제석천(帝釋天)은 금강저(金剛箸) 등을 든 모습으로 표현되는 것이 일반적이다.

⑦ 천의(天衣) : 보살이나 천인이 입는 얇은 옷으로 보통 넓은 천자락을 어깨에서부터 걸쳐 몸에 두르는 것을 말한다.

⑧ 군의(裙衣) : 상의(裳衣)라고도 하며 허리에서부터 무릎 아래에 이른 긴치마 모양의 옷을 가리킨다.

⑨ 연화대(蓮華臺) : 보살을 연꽃 위에 선 모습으로 그리는 것은 보살이 중생과는 달리 연꽃에서 화생하는 정토세계의 존재임을 나타내고자 했기 때문이다.

보살들(장천1호분) : 화공은 보살들 머리의 두광 내부를 번갈아 가며 색을 바꾸어 채색하는 등의 방법으로 화면에 변화를 주고 있다. 보살들 어깨 아래로 흘러내린 천자락 끝이 넓고 날카롭다.

비천(飛天), 기악천(伎樂天)

불교에서는 수미산(須彌山) 위에 48개의 하늘세계가 있다고 한다. 이 하늘세계의 신들은 과거에 쌓은 선업의 결과 현세에 하늘세계에 태어나 모든 즐거움을 누릴 수 있으나, 죽음만은 피할 수 없는 존재이다. 천인(天人)은 사천왕(四天王), 인왕(仁王), 범천(梵天), 제석천(帝釋天), 팔부중(八部衆) 등과 함께 불교의 하늘세계에 속한 존재이다. 이들은 여래나 보살의 무한한 자비와 공덕을 하늘의 꽃과 음악 등으로 기림으로써 선업을 쌓는다. 일반적으로 하늘의 꽃잎을 뿌리며 여래나 보살의 덕을 기리며 공양하는 천인을 비천(飛天)이라 일컫는다. 하늘의 음악을 연주하여 여래나 보살의 설법(說法)

비천(안악2호분): 산화공양(散花供養)을 위해 연화반(蓮花盤)을 받쳐 들고 하늘을 나는 전형적인 비천의 모습이다. 하늘을 나는 방향에 맞추어 비천의 천의자락이 부드럽게 휘날리고 있다.

비천(강서대묘): 연꽃잎을 뿌리는 자세이다. 통일신라 성덕대왕 신종 비천의 뿌리가 고구려 고분벽화에 닿아 있음을 알게 하는 사례이다.

비천(장천1호분): 활쏘는 걸음새로 날아오르면서 윗몸을 돌려 오른쪽 아래편을 바라보고 있다. 상투를 하였고, 바지를 입었다. 어깨 좌우로 천의가 휘날린다.

과 중생 제도를 기리는 천인을 기악천(伎樂天)이라 부른다. 동아시아에서 천인은 신선과 유사한 존재로 인식되어 도교의 회화와 조각에도 유사한 개념에 의해 표현되는 예를 찾아볼 수 있다.

비천(장천1호분) : 불꽃에 휩싸인 보주(寶珠)를 향해 두 비천이 날아오는 모습이다. 두 비천 모두 바지만 걸쳤으며 맨발이다. 바지자락 끝이 길고 둥근 막대처럼 뻗어 나왔다. 비천들의 몸 위로 연꽃봉오리가 솟아오르고 있다.

기악천(삼실총) : 완함을 연주하는 천인의 자세가 탄력적이면서 자연스럽다. 완함의 줄을 누르고 튕기는 두 손의 표현이 매우 정확하다.

기악천(오회분4호묘) : 휘날리는 천의자락과 구름의 흐름이 장고를 두드리는 천인의 자세와 하나가 되었다. 천인 곁의 별자리는 북두칠성의 국자 부분이다. (아래)

기둥머리(배받침. 두 마리 모두 꼬리를 불리 혀를 내밀고 있는 개를 모양 울치 아래편 난간(난간 꼴의 기둥물이 솟대를 만드는 사자를 받쳐들고 있다. 위의 난간은 꼬리를이 뿌리를 내린 듯한 모습이다.

2) 새삶의 꿈, 정토왕생의 소망

연화화생의 의미

천인화생(天人化生, 오회분4호묘):
연꽃 위에 선 사람의 자세가 불교에서 보살의 서 있는 모습을 표현하는 데에 즐겨 적용하는 삼곡(三曲: 무릎, 허리, 목을 약간씩 틀면서 비스듬히 서 있는 모습)을 떠오르게 한다. 어깨에는 날개가 솟았고, 목 뒤로 더듬이와 같은 것이 두 가닥 뻗어나왔다. 이 사람은 하늘연꽃에서 태어난 새로운 생명이다. 화생은 본래 불교적 탄생법이지만, 후에는 도교에서도 받아들여 적극 활용하는 관념이다.

고대 인도에서 연꽃은 생명과 빛의 상징이다. 불교에서도 연꽃에 대한 관념은 이와 동일하다. 화생(化生)이란 석가불(釋迦佛)이 말한 네 가지 탄생법[胎生, 卵生, 濕生, 化生] 가운데 내세에서의 초현실적 탄생방법을 말한다. 불교에서는 연꽃과 화생을 결합시켜 연꽃화생이라는 새로운 관념을 성립시켰다. 이 연꽃화생은 내세 정토에서의 탄생법이다. 따라서 불교신자에게 내세 정토에서의 연꽃화

생이란 삼계육도(三界六道)의 생사윤회(生死輪廻)에서 벗어남을 뜻한다. 고구려 고분벽화에 보이는 연꽃화생 표현은 고구려인에게도 이러한 관념이 수용되었음을 알게 한다. 장천1호분 벽화의 쌍인연꽃화생은 '부부화생(夫婦化生)'을 추구한 고구려적 정토화생관의 표현으로 눈길을 끈다.

연꽃화생(장천1호분): 남녀로 보이는 두 어린이가 한 연꽃에서 동시에 태어나고 있다. 내세 정토에서도 현세의 인연을 잇고 싶었던 고구려인 부부의 소망이 막 실현되는 순간이다.

연꽃화생(삼실총): 왼편의 연꽃에서 화생중인 사람은 노인인 듯 입 주위에 주름이 있다. 화생에 대한 고구려인의 인식이 다양했음을 알 수 있다. (아래, 왼쪽)

연꽃화생(삼실총): 다른 사례와 달리 연꽃이 활짝 핀 상태이지만, 화생한 사람의 얼굴만 보인다. (아래, 오른쪽)

화생하는 모습들

**떠오르는 연꽃과 연봉오리(무용
총)**: 삼각불꽃무늬 위로 연봉오리
가 떠오른다. 연봉오리 좌우와
위의 연꽃은 연봉오리가 피어난
모습이다. 하늘세계에 가득한 나
무와 신선, 새와 짐승은 이 연꽃
속에서 태어난 존재들일 것이다.

연꽃화생 세 과정(진파리4호분):
① 허공에 뜬 연봉오리가 막 펼쳐
지고 있다. ② 연봉오리는 반쯤
피었고, 그 주위에 인동잎이 뻗
어나와 너울거린다. ③ 연봉오리
가 완전히 피어 연꽃이 되었다.

보주(寶珠)의 화생

보주는 지닌 이의 모든 소원을 이루어준다는 여의보주(如意寶珠)를 가리킨다. 원래 용왕(龍王)의 뇌 속에서 나온 것으로 이 구슬을 가지고 있으면 독이 해칠 수 없고 불에 들어가도 타지 않는다고 한다. 불교에서 보주는 중생을 번뇌와 고통에서 벗어나게 해주는 공덕(功德)과 신통력을 가진 상징이다. 장천1호분을 비롯하여 진파리1호분, 강서대묘 등의 고분벽화에서 불꽃에 휩싸인 모습으로 혹은 화생하는 모습으로 그려진 보주를 볼 수 있다. 보주화생은 남북조시대 중국의 석굴사원 장식에서도 즐겨 택해진 제재의 하나이다.

보주화생(장천1호분): 보주는 마니주(摩尼珠), 여의주(如意珠)로도 불린다. 두 비천이 꽃잎을 뿌리며 기리는 모습에서 보주가 깨달음 혹은 정토를 상징하는 의미 있는 존재임을 알 수 있다.

보주화생(진파리1호분):보통 보주
는 수정형과 주형(珠形)으로 나
눌 수 있다. 벽화의 보주는 주형
에 해당한다. 벽화의 현무는 보
주의 화생으로 상징되는 정토세
계의 수호자인 셈이다.

연꽃에서의 보주화생(강서대묘) :
연꽃에서 보주가 화생하는 과정
이 왼편부터 차례로 표현되어 있
다. 화생한 보주는 수정형이다.

연꽃의 의미

연꽃은 불교 성립 이전부터 이집트, 인도, 중국 등지에
서 건축, 기물, 의복 등에 도안·장식되었다. 이집트에서
수련(水蓮)은 태양과 같이 생명의 근원이자 재생(再
生)을 상징하는 식물로 인식되었다. 인
도에서도 연꽃은 신성한 생명의 근원으
로 인식되었다. 베다(Veda)에서 연꽃은

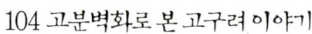

여러 신과 동물들과 관련하여 노래되고 있다. 마하바라타 (Mahavarata)의 천지창조설화에서는 창조의 신 브라흐마(Brahama)가 광명의 신 비쉬누(Visinu)의 배꼽에서 피어난 연꽃 속에서 태어나는 것으로 묘사되고 있다.

연꽃으로 가득찬 하늘(안악2호분) : 하늘을 나타내던 해와 달, 별자리는 사라지고, 여러 가지 모양의 연꽃이 그 자리를 메우고 있다. 무덤 주인이 하늘연꽃으로 상징되는 불교 정토에서의 새로운 삶을 희구하게 되었음을 알 수 있다.

중국에서는 연꽃이 태양이나 그 상위의 존재인 천제(天帝)를 상징하는 표현으로 쓰일 뿐 생명의 근원으로 인식되지는 않았다. 이것은 중국에서는 태양과 생명 창조를 연계하여 인식하지 않았기 때문이다. 중국에서 연꽃을 생명 창조와 관련하여 인식하게 되는 것은 연꽃을 빛의 상징이자 생명의 근원으로 보는 불교가 전래되면서부터이다.

불교에서는 창조의 신 브라흐마를 탄생시킨 광명의 신 비쉬누와 같이 불(佛)을 무량의 빛을 내는 존재로 인식하고 불에서 나온 빛을 연꽃으로 표현하였다. 불교에서도 연꽃은 빛·생명·창조세계의 기본도구이자 근원으로 인식되게 된 것이다. 이러한 인식이 중국을 거쳐 혹은 직접 고구려에 전해져 고구려 고분벽화에서 나타나게 된다.

고구려 고분벽화에서 연꽃은, 평양 지역에서는 무덤칸 벽면에 주로 표현되다가 점차 시간이 흐르면 무덤칸 천장고임으로 확대되어간다. 이에 반해, 집안 지역에서는 연꽃이 무덤칸 천장 고임에 즐겨 표현되다가 점차 무덤칸 벽면에도 그려지며, 곧이어 연꽃장식 벽화고분으로 이행해 가는 현상을 보여준다. 집안 지역이 불교의 연꽃 인식을 중국에서의 전래 초기부터 내세생(來世生)과 관련하여 적극적으로 수용하였던 것에 비해, 평양 지역은 연꽃을 내
세의 삶과 관련지어 인식하는
데에는 소극적이었음을 알 수
있다. 평양 지역에서 연꽃장식
벽화고분이 상대적으로 적게 발견되는 것도 이와 관련이
있는 듯하다.

고분벽화의 연꽃무늬

　고구려에서 연꽃은 4세기 중엽부터 고분벽화에 표현된
다. 5세기에 이르면 매우 다양한 형태와 비중으로 무덤칸
내부에 연꽃이 묘사된다. 5세기 고분벽화에서 연꽃은, 평
양 지역에서는 도안적인 형태로, 집안 지역에서는 사실적
인 모습으로 묘사되는 경향을 보인다. 연꽃 표현방식에 나
타나는 집안·평양 지역의 차이는 5세기말의 쌍영총 벽화
에서는 어느 정도 해소되는 모습을 보인다. 그러나 6세기
에는 다시 지역문화 특유의 흐름에 영향을 받으면서 거리
가 더이상 좁혀지지 않는다.
한편 두 지역의 연꽃 형태는 6세기
에 인동연꽃 표현이 주류를 이루면서 앞
시기보다 공통성을 많이 띠게 된다.

고구려 고분벽화의 연꽃무늬 비교표 I 1.산성총 2.마선구1호분 3.통구12호분 4.역화총 5~7.정개1호분 8,9.통구4호분 10.통구4호분 11.안악3호분 12,13.안악1호분 14,15.감신총 16.용강대묘 17.덕화리1호분 18.수산리벽화분 19.전동명왕릉 20,21.쌍영총 22~24.안악2호분 25,26.내리1호분 27.진파리4호분 28,29.진파리1호분 30,31.강서대묘 32,33.강서중묘

시기 계급	4세기 후반	5세기 전반	5세기 후반	6세기 전반	6세기 후반	7세기 전반
집 권 세 력						
지 방 세 력						
평 양 세 력						

시기 / 계열	4세기 후반	5세기 전반	5세기 후반	6세기 전반	6세기 후반	7세기 전반
집안계열		1, 2, 3, 4, 5, 6, 7, 8	9, 10, 11, 12, 13, 14, 15, 16, 17, 18, 19, 20, 21, 22	23, 24	13, 26, 27, 28	
평양계열	29, 30, 31	32, 33, 34, 35, 36, 37, 38, 39, 40, 41	42, 43, 44, 45, 46	47, 48, 49, 50, 51	52, 53, 54, 55, 56, 57, 58, 59	

고구려 고분 벽화의 연꽃무늬 비교표 Ⅱ 1~4.무용총 5~8.삼실총 9,10.통구12호분 11.산성자귀갑총 12,13.마선구1호분 14,15.천왕지신총 16.장천2호분 17~22.장천1호분 23,24.통구5호분 25~27.통구4호분 28.통구사신총 29,30.안악3호분 31.태성리1호분 32,33.안악1호분 34,35.복사리 벽화분 36,37.낙랑리 벽화분 38.팔청리 벽화분 39.용강대묘 40,41.성총 42~44.쌍영총 45,46.안악2호분 47,48.진파리4호분 49~51.진파리1호분 52~56.강서대묘 57~59.강서중묘

연꽃 장식 고분벽화

고구려에서 장식무늬계 고분벽화는 5세기 중엽을 전후한 시기에 다수 출현한다. 특히 연꽃무늬를 주제로 한 장식무늬 고분벽화는 환인과 집안 일대에서 집중적으로 발견된다. 연꽃무늬가 무덤칸의 벽이나 천장고임의 일부 또는 전부에 장식된 고분은 모두 15기에 이른다. 연꽃 장식 고분벽화는 무덤 주인의 정토왕생신앙의 표현으로 해석된다.

연꽃 장식 벽화고분(천왕지신총): 무덤의 널방벽을 사방연속 6각 귀갑문(六角龜甲文)으로 장식하고, 각각의 귀갑문 안에 연꽃을 그려넣었다. 마치 벽에 연꽃귀갑문 벽지를 바른 듯하다. 천장고임의 기둥머리 부분도 연꽃무늬로 장식하였다.

연꽃(통구12호분 남분): 줄기와 잎, 연봉오리가 모두 표현되었다. 널방 천장고임이 커다란 연못이 된 셈이다.

연꽃 장식 벽화고분(산연화총): 널방의 벽과 천장고임 전체가 연꽃무늬로 채워졌다. 무덤의 널방이 말 그대로 불교의 정토가 되었다.

2. 음양오행론과 사신 신앙

1) 음양오행의 세계

오행설(五行說)은 흔히 중국의 전국시대 말기의 음양가 (陰陽家) 추연(鄒衍)에 의해 체계화된 것으로 이야기된다. 오행설이 체계화되면서 오행설 안에는 고대 중국의 또 하 나의 우주론인 음양설적(陰陽說的) 논리도 녹아들었다. 우주의 기원을 설명하는 데 유용한 음양설이 우주의 구조 와 운행원리를 설명하는 데 용이한 오행설에 스며들자, 오 행설은 보다 포괄적이며 합리적인 우주론이 되었다.

전(前)근대사회에서 우주론은 그 자체가 현실 사회의 질서와 운영원리를 규정하는 틀이다. 또한 현실 사회의 질 서와 운영원리란 곧 내세 삶의 내용을 담아내는 그릇이었 다. 때문에 그것이 받아들여진 사회에서 발휘되는 영향력 의 너비와 깊이는 오늘날의 그것과 비교할 바 아니다. 음 양의 개념이 가미된 추연의 오행설─특 히 후에 오행상승설(五行相勝說)로 발 전하는 개념인 '오덕종시설(五德終始

說)'—은 이를 대체할 만한 우주론이 없던 전국시대 말엽의 중국 사회에서 반발을 받기보다는 적극적으로 수용되고 활용되었다. 전국 제후들은 새로운 정치질서 수립의 이념적 도구로서, 유가(儒家)·도가(道家) 등 제가(諸家)는 그들의 논리를 강화하기 위한 방편으로 오행순환(五行循環)의 개념을 받아들였다.

진한교체기(秦漢交替期)에 이르러 오행상승설을 보완하는 '오행상생설'이 제시되면서 오행설은 보다 풍부한 운동 개념을 갖춘 이론이 되었다. 한말에 이르러 오행설은 정치는 물론 사회·문화의 각 분야, 곧 점성, 율력(律曆), 의술, 풍수지리, 민간신앙 등 여러 분야에 크고 작은 영향을 끼치게 되었다. 기원과 종말, 생성과 소멸뿐 아니라 변화와 이탈, 순환과 반복을 설명하는 오행설은 태평도(太平道), 오두미도(五斗米道)와 같은 도교 계통의 민간신앙에서 유교적 덕치주의와 같은 국가의 정치이념에 이르기까지 많은 분야에서 그 분야를 합리적으로 설명하는 도구로 쓰였다. 또한 해당 분야를 보다 체계화하는 데 적절한 이론적 틀을 제공하였다. 사회 여러 분야에서 도구와 틀로 쓰임으로써 한대에는 개인에서 국가에 이르기까지 사회의 크고 작은 모든 구성단위가 오행설을 일종의 상식으로 여기게 되었다. 때문에 한대에는 개인의 기거(起居)에서 국가의 정책에 이르는 모든 활동이 음양과 오행의 원리에 맞는지의 여부가 고려된 후 결정될 지경이었다.

그러나 한대에 끼친 오행설의 영향은 여기서 그치지 않았다. 산 자의 생활뿐 아니라 죽은 자의 영역에도 영향력을 발휘하기 시작한 것이다. 애초에는 종교기관, 관청, 궁궐과 민가 등 건물의 위치 선정에 쓰이던 풍수지리가 죽은 자의 거처인 묘지 선정에도 이용되었다. 물론 죽은 조상을 길지(吉地)에 묻으면 후손에게 부귀영화가 있다는 관념은 앞의 진대(秦代)에도 존재했다. 그러나 이러한 관념이 상묘술(相墓術)의 발달로 이어지는 것은 한대, 특히 후한대(後漢代)에 이르러서이다. 사신수(四神獸)가 풍수지리상의 방위신으로 자신의 위치를 확고히 하는 것도 바로 이 상묘술이 성행하기 시작하는 후한시대이다. 상묘술은 이후 진(晋)의 곽박(郭璞)에 이르러 체계화되어 남북조시대에 크게 유행한다

고구려는 건국 초부터 오행설에 대해 알고 있었다. 때문에 부여와의 외교전과 같은 대외정책에서뿐 아니라 자국(自國)의 정치이념의 정비와 정치구도의 재편, 지배이념의 강화 등에 폭넓게 활용하

였다. 고구려가 오행설에 바탕한 덕치주의
를 수용하고, 천인감응설(天人感應說)
에 입각해 천재지변을 해석한 것은 오
행설에 대한 이해가 있었기 때문이다. 시
조 주몽에 대한 신앙을 심화시키고 확산시키는 데에도 오
행설이 활용되었고, 5부의 재편에도 오행방위 개념이 적
용되었다. 고분벽화의 사신도 역시 고구려에서 유행하던
오행설에 바탕을 둔 사신 신앙의 표현이라고 할 수 있다.

2) 쉼터를 지키는 사신

청룡(靑龍), 백호(白虎), 주작(朱雀), 현무(玄武)를 사신
(四神)이라고 한다. 사신은 동·서·남·북의 네 방향, 봄·
여름·가을·겨울의 네 계절, 하늘 사방의 28별자리와 관
련 있는 상상 속의 존재이다. 고구려에서 사신은 사신도
중심의 고분벽화에서는 처음부터 독자적인 제재로 표현
되지만, 생활풍속계 고분벽화에서는 하늘세계로 여겨지
는 무덤칸 천장고임의 여러 제재 중 하나로 나타난다. 이
후 사신은 무덤칸 벽화의 중심적 제재로 자리잡는다. 천장
고임에 나타나는 시기의 사신은 모두 쌍(雙)으로 표현된

다. 그 형태도 몸의 각 부분 사이에 비례와 균형이 맞지 않
아 어색한 감을 주며, 벽화에서의 비중 역시 매우 낮다. 그
러나 점차 벽화 내에서의 비중이 높아질 뿐 아니라 표현도
세련되고 자연스러워진다. 후기에 이르면 청룡과 백호는
홀수로, 주작은 암수의 쌍으로, 현무는 뱀과 거북의 자웅
합체(雌雄合體)로 그려진다. 이것은 사신 가운데 청룡과
백호는 벽사(僻邪)의 영물(靈物)로, 주작과 현무는 음양조
화(陰陽造化)의 신수(神獸)로 여겨진 때문이다.

　고구려의 사신계 고분벽화에 표현된 사신은 사실상 각
각 한 벽면의 유일한 제재이며, 우주의 한 방향의 방위신

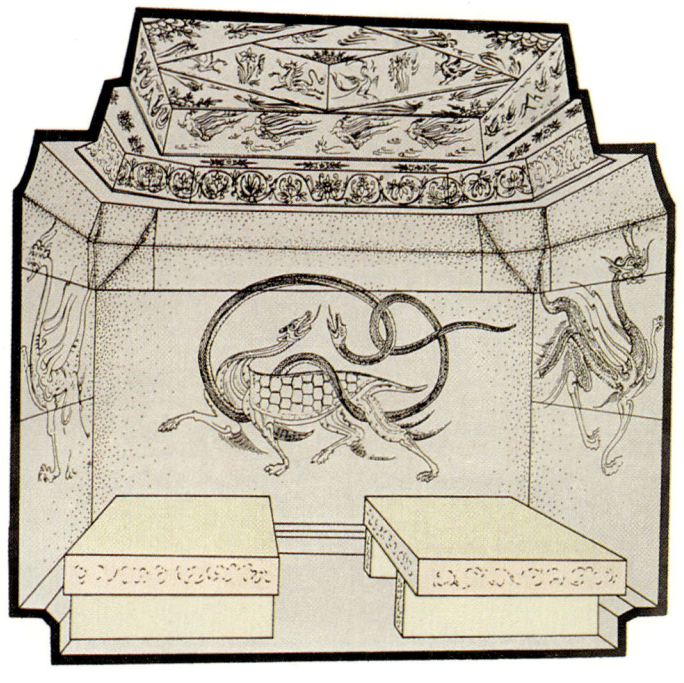

사신이 지키는 세계(강서대
묘) : 널방의 북벽에 현무,
동벽과 서벽과 각각 청룡과
백호가 표현되었다. 한 귀
족 부부의 쉼터를 지키는 수
호신들이다. 널방의 바닥에
부부의 널을 놓았던 돌받침
두 개가 나란히 놓여 있다.

이자 무덤 주인을 위한 수호신이다. 같은 시기 중국 남북조·수·당 왕조의 고분벽화 및 전화(塼畵), 묘지석각(墓誌石刻)의 사신은 거의 예외 없이 자신을 부리는 선인(仙人)의 보조자이다. 화면에서 방위신은 사신을 부리는 선인인 것이다. 선인과 동반하지 않는 경우의 사신은 널방 벽면의 중심 제재가 아니라 천장고임의 방위신으로만 그려진다. 고구려인의 사신 신앙은 같은 시기 중국의 사신 관념과는 구별되는 내용을 지니고 있었음을 알 수 있다.

청룡(무용총) : 목과 몸체, 꼬리 부분이 굵기에서 뚜렷이 구분되는 등 몸의 각 부분이 서로 자연스럽게 이어지지 않는다. 짐승이 달려가는 듯한 자세여서 용 특유의 꿈틀거리면서 포효하는 모습과는 거리가 있다.

고분벽화의 사신

청룡(집안계열 고분벽화)

청룡(삼실총): 몸체가 가늘어지면서 몸 각 부분의 굵기가 비슷해졌다. 발도 더 이상 호랑이 발이 아니다. 어깨죽지에서 뻗어나오는 상서로운 기운도 한결 자연스럽다.

청룡(장천1호분): 화면의 제한으로 말미암아 목을 지나치게 깊게 구부렸다. 머리와 몸체 세부의 표현이 초기의 어색함에서 완전히 벗어났다.

　청룡은 황도(黃道)상의 동방 7별자리를 대표하는 영물이다. 고분벽화에 등장하는 초기의 청룡은 '뿔은 사슴, 머리는 낙타, 눈은 귀신, 이마는 뱀, 배는 대합, 비늘은 물고기, 발톱은 매, 발은 호랑이, 귀는 소' 같이 그려져, 9가지 동물이 억지로 합성된 어색한 모습이다. 그러나 6세기에 이르러 널방 벽화의 사실상 유일한 제재로 선택되면서 사신은 상상적 동물 특유의 신비적 사실성을 갖추게 된다. 5세기 중엽 이후의 고분벽화에서는 청룡과 백호 가운데 목 뒤나 엉치 근처에 불꽃과 유사한 표현이 덧붙여지는 경우가 있다. 이는 '척목(尺木)'으로 본래는 용의 승천에 필요한 매개물로 여겨지던 것이다.

청룡 아랫부분의 사신이 활발해져 주이는 동세가는 시기의 청동이다. 오색은 아래부분의 사신이 활발 채색되는 경우의 무릎마래에 불꽃모양의 좌옆이 표현되었다.

청룡(평양계열 고분벽화)

청룡(약수리벽화분): 목과 몸체, 꼬리뿐 아니라 다리의 굵기까지 같아 짐승 나름의 부피감을 거의 느끼지 못하게 한다. 청룡의 머리께에 동방을 나타내는 동쌍삼성(東雙三星)과 해가 표현되었다.

청룡(덕화리1호분): 널방벽에 그려진 청룡의 사례이다. 'ㅡ'자에 가깝게 뻗은 몸체, 'ㄱ'자에 가까운 형태로 꺾여 올라간 꼬리 부분이 어색하다.

청룡(호남리사신총): 앞을 보며 포효하는 대신 머리를 틀어 자신의 꼬리 쪽을 바라보고 있다. 꼬리 역시 몸체 쪽으로 구부러져 다른 청룡과는 차이를 보인다.

청룡사신도(靑龍四神圖) 이 그림은 고구려의 벽화고분 중 하나인 진파리 1호분에서 나온 것으로 벽화의 청룡을 묘사한 것이다. 붉은 빛과 검은 빛의 운율이 살아 있다.

백호(집안계열 고분벽화)

백호는 자연계에 실재하는 호랑이를 영물시(靈物視)하
면서 등장한 신수(神獸)이다. 황도상의 서방 7별자리를 대
표한다. 고분벽화에서 백호는 초기에는 머리와 세부는
호랑이와 같으나 몸체는 청룡처럼 목과 몸통, 꼬리가 가늘
고 긴 파충류와 같이 그려진다. 그러나 6세기의 사신계 고
분벽화에서 백호는 과장된 아가리와 부릅 뜬 붉은 눈, 위
와 아래로 뻗은 희고 날카로운 송곳니, 앞으로 내밀어 쳐
들어 올린 앞발 등이 절묘하게 조화를 이룬 신수 특유의
사실성을 지닌 존재로 그려진다. 고분벽화에서 백호는 대
개의 경우, 머리의 형상과 몸에 있는 파상형 줄무늬에 의
해 청룡과 구별된다.

백호(무용총) : 가늘고 긴 몸에 자
연에서 볼 수 있는 호랑이의 특
징을 거의 그대로 옮겼다. 앞으
로 길게 내민 백호의 혀가 방망
이처럼 느껴진다. 어깨죽지에서
날개처럼 뻗어나온 것뿐 아니라
몸 곳곳에 솟은 거칠고 긴 털들
도 상서로운 기운의 표현이다.

백호(삼실총): 머리와 얼굴 세부
가 더 이상 호랑이의 그것이 아
니다. 백호 윗층 고임에 그려진
연꽃이나 그 위의 장식무늬와의
비교에서 잘 드러나듯이 고임벽
화에서조차 백호가 차지하는 비
중은 아직 그리 크지 않다.

백호(오회분5호묘): 허공을 박차
고 덮칠 듯이 내려오며 포효하는
백호의 기세가 예사롭지 않다.
몸의 세부표현이나 자세에서 앞
시기의 백호와는 구별된다.

백호(오회분4호묘): 배경을 이루
는 사방연속 변형귀갑문이 벽지
와 같은 효과를 냄으로 말미암아
백호의 포효가 큰 울림을 일으키
지 못한다. 벽 위 고임의 오색 용
들이 서로 얽히면서 꿈틀거리는
모습이 화려하다 못해 현란하다.

백호(평양계열 고분벽화)

백호(약수리벽화분): 무용총 벽화의 백호처럼 이 백호의 머리도 자연에서 볼 수 있는 호랑이의 것과 같다. 배경을 장식하는 구름도 장식무늬화하면서 현실감을 잃었다. 백호 앞에는 서방을 나타내는 서쌍삼성(西雙三星)과 달이 표현되었다.

백호(덕화리1호분): 백호의 머리에 아직 상상력이 충분히 가미되지 못하였다. 목이 지나치게 뒤로 제껴진 반면, 머리는 충분히 앞을 향해 뻗어나가지 않는 등 자세와 세부표현에서 어색한 점이 많다.

백호(진파리1호분) : 빠르고 강하게 부는 바람, 그 흐름에 휘말린 구름과 인동연꽃들이 포효하는 백호의 배경을 이루고 있다. 백호 역시 이 흐름을 타면서 앞으로 나아가는 자세이다.

백호(강서중묘) : 상상적 신수로서의 백호의 가장 완벽한 모습일 것이다. 무배경의 벽면이 허공의 깊이를 더하고 있다.

주작(집안계열 고분벽화)

주작은 황도상의 남방 7별자리를 상징한다. 고분벽화에서 주작은 거의 예외 없이 암수 한 쌍이 함께 그려진다. 주작은 신조(神鳥)인 봉황(鳳凰)에 그 형상과 관념의 기원을 둔 신수로 무덤의 입구를 지키는 존재이다. 고구려 고분벽화에서 주작은, 초기에는 장닭 형상으로 그려지기도 하였는데 '봉황의 형상이 장닭과 같다' 는 옛 문헌의 설명과 고구려인의 전통적인 닭 신앙에 근거한 표현이라고 할 수 있다. 그러나 대부분의 고구려 고분벽화에서 주작은 '앞은 기린, 뒤는 사슴, 목은 뱀, 꼬리는 물고기, 무늬는 용, 등은 거북, 턱은 제비, 부리는 닭' 과 같다는 봉(鳳)을 연상시키는 형태로 그려지며, 시간이 흐름에

주작(무용총) : 연꽃과 연봉오리들 사이로 장닭 두 마리가 마주보고 있다. 본래 주작이 그려져야 할 자리에 꼬리깃이 풍부한 장닭 두 마리가 서 있는 것이다. 사신의 하나로 주작을 그리기 시작할 즈음 고구려인에게 주작은 자신들이 숭배하던 장닭과 같은 존재로 여겨진 듯하다.

주작(장천1호분) : 고구려인이 주작을 봉황과 유사한 존재로 인식하는 초기 단계의 모습이다. 홰를 치는 두 날개의 모습이 도식적이다. 장닭 형태의 주작 인식의 흔적이 벼슬에 남아 있다.

주작(통구사신총): 무덤의 널방 앞벽을 가득 채우는 시기의 주작이다. 눈 주위를 감싸면서 좌우로 뻗어나온 흰깃과 오색깃이 띠를 이룬 몸체가 인상적이다.

따라 서서히 세부표현이 상호 조화를 이룬다. 강서대묘 벽화에 이르면 주작 특유의 신비로운 형상을 완비하게 된다. 고분벽화의 주작 가운데에는 부리에 붉은 열매를 물고 있는 사례가 있다. 이 붉은 열매는 '사당(沙棠)'으로 본래는 깃털조차 빠뜨린다는 곤륜산(崑崙山) 둘레의 약수(弱水)를 건널 때, 봉황이 부리에 물었다는 신비의 과일이다.

주작(평양계열 고분벽화)

주작(쌍영총): 두 기둥 위의 좁은 공간에 소슬을 나타내고 그 좌우에 암수 주작을 그렸다. 주작이 무덤 입구를 지키는 신조로 여겨졌음이 잘 드러난다.

주작(약수리벽화분): 널방의 문 위에 주작 한 마리가 날개짓하고 있다. 주작 특유의 신비감을 자아내기에는 필치가 서툴다. 주작 꼬리깃 뒤편에 남방을 상징하는 별자리인 묘수(昴宿)가 있다.

주작(강서대묘) : 상상적 실체감을 가장 잘 드러내는 사례이다. 몸체의 크기에 비해 날개가 작은 편이나, 세부 요소들이 모여 이루어낸 조화와 일체감, 이로 말미암은 신비감이 이러한 단점에 눈길이 미치지 않게 한다.

현무(집안계열 고분벽화)

현무(삼실총) : 뱀과 거북 모두 머리가 길짐승형이다. 거북을 감은 뱀의 몸이 그리 유연하지 못하다.

　현무는 황도상의 북방 7별자리를 상징하며, 뱀이 거북을 감은 형상으로 그려진다. 현무의 표현에서 뱀은 수컷, 곧 양(陽)을 나타내는 존재이며, 거북은 암컷, 즉 음(陰)을 나타내는 존재이다. 현무는 고분벽화에서 그 모습을 볼 수 있다. 고구려 고분벽화에 나타나는 초기에는 현무의 뱀과 거북 머리가 길짐승처럼 표현되기도 하나, 후기에는 모두 파충류 특유의 형상으로 그려진다. 평양 지역의 고분벽화에서 초기의 현무는 무덤 주인부부 곁에 표현된다. 이것은 현무가 무덤 주인부부의 수호신(守護神)으로 여겨졌기 때문이다. 현무 역시 사신에 속하는 다른 신수처럼 초기에는

현무(통구사신총): 현무의 거북과 뱀이 뿜어내는 기운으로 말미암아 허공의 구름조차 좌우로 나뉘어 흐르고 있다. 각기 암수를 나타내는 거북과 뱀이 서로 마주봄으로써 음과 양의 기운이 만나고 우주질서는 다시 회복된다.

어색하고 세련되지 못한 모습으로 그려지나, 후기의 사신계 고분벽화에서는 세부 표현이 잘 조화된 신비로운 존재로 재탄생한다. 절정에 이른 사신 신앙과 그 표현의 사례로는 강서대묘 벽화의 현무를 들 수 있다.

현무(玄武)별자리. 뱀과 거북이 어우러진 어둠침이며, 이른 무시와 정수는 정지며다. 거북은 같은 뱀이 다시 자신의 몸을 안대 똬 꼬았드네, 뱀의 몸이 배틀린 오색이 때문모인다. 이둘은 암수 2주이 때를문이다. 배경은

현무(평양계열 고분벽화)

현무(약수리벽화분): 현무가 무덤 주인부부를 지키는 존재로 인식되었음을 잘 보여준다. 뱀과 거북 모두 소박하게 표현되었다.

현무(덕화리1호분): 화면 가운데를 가로지르는 띠의 윗부분은 무덤 주인부부와 시종들의 행렬이다. 아래 부분의 현무가 벽면 전체의 주인공으로 등장할 때가 얼마 남지 않았음을 짐작할 수 있다.

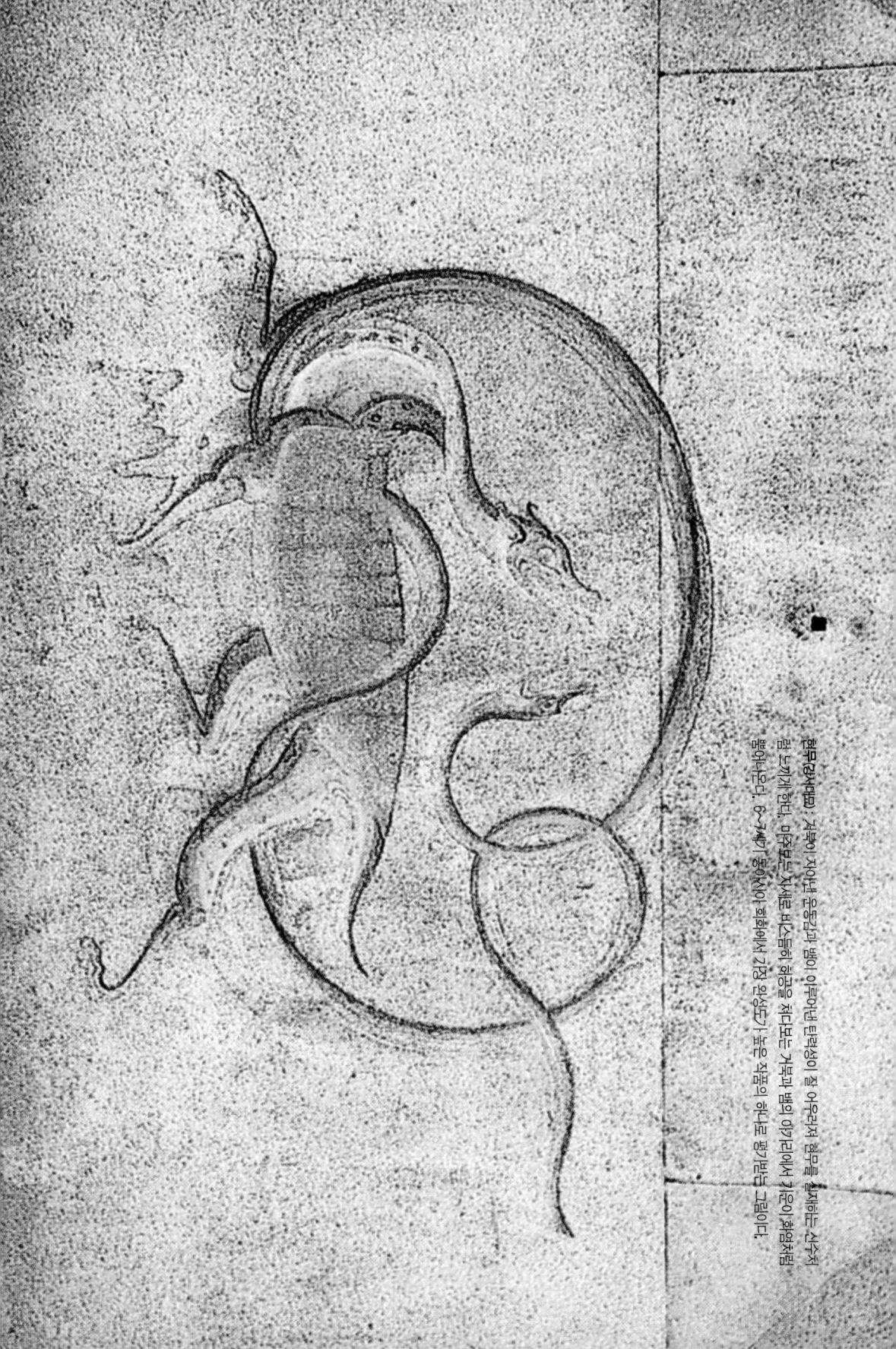

원무정세포: 거북이 지어낸 운동감과 뼘이 이루어낸 탄력성의 줄 어우러져 화무를 출제하는 선주지 럼 느끼게 한다. 마주보는 자세를 비스듬히 하품을 쳐다보는 가뿐이 뼘의 이가 리에서 기운이 휴품처럼 뿜어나온다. 6~7세쯤 동자의 천화에서 지정 완성도가 높은 작품의 해나를 평기한는 그림이다.

삶

1. 사람들

장천1호분 벽화에 보이는 문관형 문지기의 키는 153cm
이며, 무관형 문지기의 키는 155cm이다. 문관형 문지기
는 얼굴이 둥글고 눈썹이 가늘며 눈이 크고 양끝이 위로
휜 콧수염을 지녔다. 또한 오른손으로 왼손등을 감싼 채
두 손을 가슴 앞에 대었다. 이에 반해 무
관형 문지기는 얼굴이 각지고 눈썹이 짙
으며 눈꼬리가 날카롭다.

① 흰색 관(冠) : 일정한 지위 이상의 사람
이 쓴 예가 많이 발견된다.
② 왼섶 : 활동성이 높은 내륙 아시아 기
마계 민족 특유의 옷깃 여밈방식이
다. 근래까지 여성복식에 흔적이
남아 전한다.
③ 꽃점무늬 저고리 : 끝자락이 허
리 아래까지 내려오는 것이 본래의
저고리 모습이다. 꽃점무늬는 집안
을 중심으로 성립한 고구려 고유
복식문화의 특징 가운데 하나이다.

문지기(장천1호분) : 왼쪽이 문관
형이고 오른쪽이 무관형이다.

④ 공수(拱手) : 걷거나 서 있을 때, 손을 모아 맞잡는 고구려인의 습관
가운데 하나이다.

⑤ 검은 허리띠 : 허리띠는 옷장식의 하나이기도 했다. 금속이나 가죽
으로 만든 허리띠도 있다. 신분과 지위의 높낮이에 따라 띠의 재질뿐
아니라, 띠에 드리우는 장식물의 내용이 달랐다.

⑥ 선(襈) : 웃옷이나 겉옷의 소매 끝과 깃, 도련과 치마의 단을 보호하
면서 장식하는 효과가 있다. 고구려 등 삼국시대 복식에는 반드시 따라
붙는 부분이다.

⑦ 꽃점무늬 통 넓은 바지: 통 넓은 바지는 무용수와 같은 특정한 직업
의 종사자가 필요에 의해 착용하는 경우가 아니면 귀족이나 생활에 여
유가 있는 사람이 입었다. 바탕색이 있고 그 위에 꽃점무늬와 같은 화
려하고 정교한 무늬가 더해진 부드러운 천으로 만든 옷을 평민이 입기
는 어려웠다. 평민은 흔히 민무늬의 통 좁은 바지를 입었다.

문지기의 여러 가지 모습

중기 이후의 고구려 고분벽화에는 실물 크기의 문지기가 주로 그려진다. 관리나 시녀 모습으로 표현되는 문지기의 예를 찾기 힘들며, 대부분 무사(武士)나 역사(力士), 천왕(天王)이나 괴수(怪獸)의 모습으로 그려진다. 문지기를 무덤 속 안식처의 안내자라기보다는 수호자로 여기는 의식이 강해지면서 나타난 현상일 것이다.

문지기(삼실총): 무관형 문지기이다. 좌우로 뿔형 장식이 솟은 투구를 쓰고 목가리개를 하였으며 비늘갑옷을 걸쳤다. 발에는 못신을 신었다. 왼손으로는 둥근고리 큰칼을 칼집 채 들어 허리께에 올리고, 오른손으로는 긴 창을 곧추세워 들었다. 침입자에게 두려움을 주려는 듯 눈을 부릅뜨고 이빨을 드러내며 소리지르는 모습이다.

문지기(안악2호분): 긴창을 비껴든 이 문
지기 역시 투구와 갑옷으로 무장하였다.
문 곁에 서서 지키는 표정이 차분하다.

문지기(수산리벽화분): 평복차림이면서도
오른손에는 둥근고리 긴칼을 빼어들고,
왼손에는 깃발이 펄럭이는 긴창을 세워
들었다. 둥근고리 긴칼은 날등은 검게,
날은 희게 나타내 섬뜩함을 느끼게 한다.

문지기(약수리벽화분) : 역사형 문지기이다. 오른손에 쥔 둥근고리 칼을 치켜들고 내리치려는 듯한 자세이다. 힘을 쓰는 존재임을 알리기 위해 팔과 다리에 짧은 선들을 잇달아 비스듬히 긋고, C자형 선을 더하여 근육을 나타냈다.

귀족부부의 모습

고구려 귀족부부의 모습은 생활풍속계로 분류되는 고분벽화에서 볼 수 있다. 초기와 중기의 생활풍속계 고분벽화에서 무덤 주인이나 주인부부는 주로 초상형태로 그려진다. 하지만 일상생활 중 손님을 맞거나 춤과 노래를 관람하고, 나들이를 즐기는 모습으로 그려지기도 한다. 고분벽화에서 초상의 모습으로 그려진 귀족부부는 조상신이 되어 태어나기 이전의 세계로 돌아간 존재이다. 고분벽화에는 귀족부부가 현무와 함께 그려지기도 하는데, 이 때 현무는 귀족부부를 지켜주는 존재이다.

귀족부부(각저총) : 커다란 장방(帳房) 안에 귀족과 그의 두 부인이 앉아 있다. 남편은 평상에 걸터앉은 채 정면을 향한 반면, 두 아내는 방석 위에 무릎 꿇고 앉아 비스듬히 남편 쪽을 향하고 있다. 귀족의 등 뒤에 활과 화살을 올려 놓은 상이 보인다.

귀족부부(안악3호분): 정면을 향해 앉은 귀족의 오른손에는 귀면(鬼面) 부채가 들려 있다. 여유가 느껴지는 얼굴 표정으로 좌우의 사람들에게서 보고를 받고, 이들에게 지시도 내린다. 부인은 남편을 향해 비스듬히 앉았다. 부인은 얼굴이 살졌으며, 머리에 장식을 여러 개 꽂았다.

귀족과 평민의 차이

고대 및 중세 사회에서는 인간의 가치를 신분이나 지위에 따라 차등적으로 인식하는 경향이 있었다. 이와 같은 인식태도는 신화와 역사, 제반 문화활동을 통해 표출되고는 한다. 특히 조형이나 회화작업에서는 신분이나 지위에 따라 인물을 크게 또는 작게 표현함으로써 이러한 사고방식을 드러내었다. 고구려인도 신분이나 지위에 따라 인간을 차별적으로 인식하였음이 고분벽화를 통해 확인된다.

주인과 시종들(덕흥리벽화분) : 낮은 평상에 앉은 주인의 뒤편에서 남녀 시종들이 부채를 부치거나 음악을 연주하고 있다. 주인에 비해 시종들이 너무 작게 그려져, 거인국과 소인국의 사람들이 한 자리에 있는 듯하다.

주인부부의 나들이(수산리벽화
분): 한 귀족부부가 나들이 도중
재주를 관람하고 있다. 재주꾼들
과 주인부부에게 일산(日傘)을
드리운 남녀 시종이 다른 사람들
에 비해 특히 작게 그려졌다. 주
인부부와 이들을 따르는 사람들
의 크기로 각각의 지위와 신분이
어떻게 다른지를 알 수 있다.

회화에서는 인물을 신분이나 지위의 높낮이에 따라 크
거나 작게 그리는 것을 '위계적(位階的) 표현'이라 한다.
이러한 위계적 표현은 넓게 보면 표현대상이 화면에서 지
니는 비중에 따라 크기를 달리하는 '대상 비중의 법칙'이
라는 표현방식을 인물 묘사에 적용한 경우라고 할 수 있
다. 안악3호분, 덕흥리벽화분, 각저총, 무용총 등의 벽화
에서 귀족과 그를 모시는 시종, 그외의 평민들은 각자의
신분과 지위에 따라 때로는 거인처럼, 때로는 난쟁이처럼
그려지고 있다. 그런데 고구려에서도 5세기 후반 이후 제
작된 고분벽화의 인물 묘사에는 위계적 표현이 제대로 적
용되지 않는다. 고구려 사회에서 신분과 지위에 따라 인간
을 차별적으로 인식하는 태도가 서서히 극복되어갔기 때
문일 것이다.

2. 건물

전각(殿閣)

고구려의 다양한 건물양식과 구조는 고분벽화에서 볼 수 있다. 특히 귀족 저택의 전경은 안악1호분 벽화에서 잘 드러난다. 고분벽화 중의 전각도(殿閣圖)를 보면, 귀족의 저택은 사랑채와 안채로 나뉘며, 앞 편에는 커다란 2층집 형태의 사랑채를 두고, 뒤편에는 제일 뒤의 안채를 중심으로 좌우에 살림살이와 관련된 건물들이 배치되어 있음을 알 수 있다. 둘레의 회랑은 담장을 겸하게 지어지고 중간 중간에 출입문을 설치하고 있다.

전각(안악1호분): 회랑까지 지닌 대규모 전각의 전체 모습을 드러 내기 위해 여러 시점에서 본 모 습을 조합하여 그렸다. 전각 곳 곳에 사람을 표현하였으나, 현재 는 거의 알아보기 어렵다.

전각(용강대묘) : 이층 누각을 지 닌 거대한 저택의 내부에 도로용 무늬벽돌을 깔아 잘 다듬은 길이 '一'자로 뻗어 있다. 기와를 덮 은 누각 지붕의 선이 날렵하게 처리되었다. 담벼락의 지붕에도 기와를 얹었다.

고분벽화에 보이지 않는 평민의 집은 집자리 유적을 통 해 알 수 있는데, 한 칸이나 두 칸의 방을 지닌 간단한 구조 로 되어 있다.

부속 시설들

귀족 저택의 안채에는 다양한 부속시설이 있었다. 안악 3호분과 덕흥리벽화분 벽화로 볼 때, 안채에는 부엌, 고깃 간, 방앗간, 다락창고, 외양간, 마구간, 차고 등이 있었으 며, 넓은 뜰 한 편에는 잘 꾸며진 정원도 있었다. 진파리4 호분 벽화는 6세기 고구려 귀족 저택의 정원 이 어떻게 꾸며졌는지를 알게 한다. 벽화의 정 원은 한가운데 연못이 있고 그 주변에 인공적 으로 조성한 작은 산과 세심하게 다듬어진 나

부엌, 고깃간, 차고(위93쪽). 왼쪽부터 부엌, 고깃간, 차고가 차례대로 있다. 세 칸을 모두 지하
은기와로 덮었다. 이 건물들이 생활에 쓰이는 여러 가지 용도였음을 짐작할 수 있다.

마굿간(덕흥리벽화분) : 말 세 마리가 나란히 구유 앞에 서 있다. 말들은 몸체에 비해 다리가 가늘다. 말 뒤편의 두 사람은 건초를 마련하는 등 말 돌보기를 담당하는 이들일 것이다.

외양간(안악3호분) : 단단하게 잘 지어진 외양간 안에서 세 마리의 소가 구유 속의 여물을 먹고 있다. 소의 뿔들이 날카롭고 단단해 보인다. 왼편 끝의 청록색 소는 여물을 씹으면서 고개를 돌려 곁의 두 소를 바라보고 있다.

무들이 배치된 구조로 되어 있다.

『수사(隋史)』에는 고구려에서는 궁성과 사원 및 공공건물에만 기와를 사용하였다고 씌어 있다. 그러나 고분벽화로 보면 귀족의 저택은 창고류까지 지붕이 기와로 덮여 있다. 당시의 귀족과 평민의 주거조건에 큰 차이가 있었음을 알 수 있다.

살림집의 구조

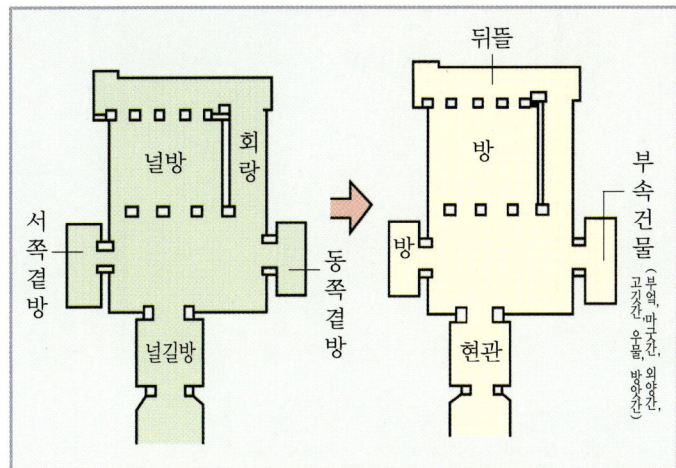

벽화배치로 본 살림집의 구조
(안악3호분)

뒤뜰
방
회랑
널방
방
서쪽곁방
동쪽곁방
부속건물 (부엌, 마구간, 외양간, 고깃간, 우물, 방앗간)
널길방
현관

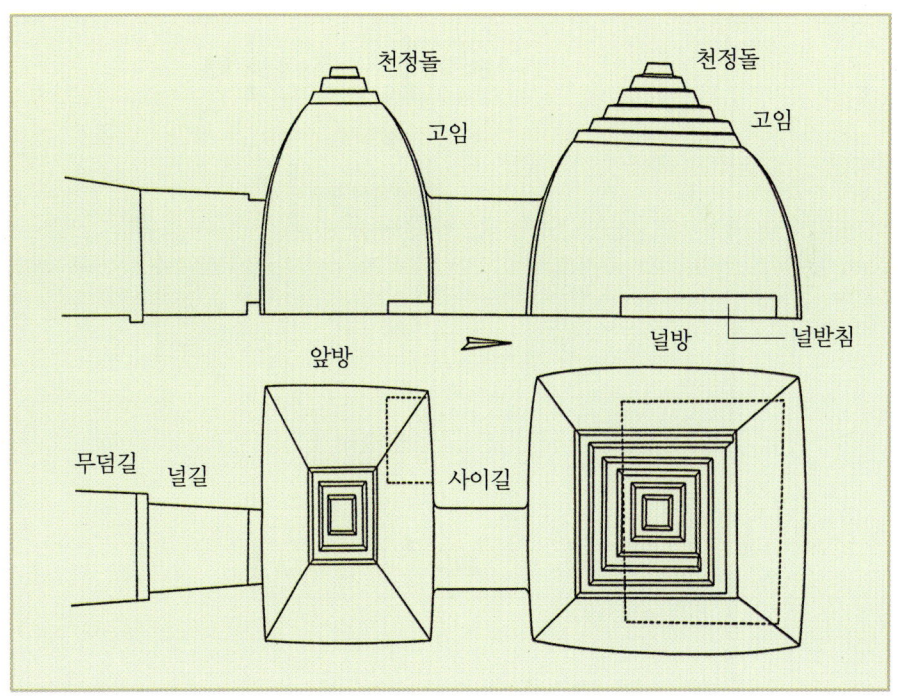

벽화고분의 측면도와 평면도
(덕흥리벽화분)

천정돌
천정돌
고임
고임
널방
널받침
앞방
무덤길
널길
사이길

고분벽화로 본
건물 배치도
(덕흥리벽화분)

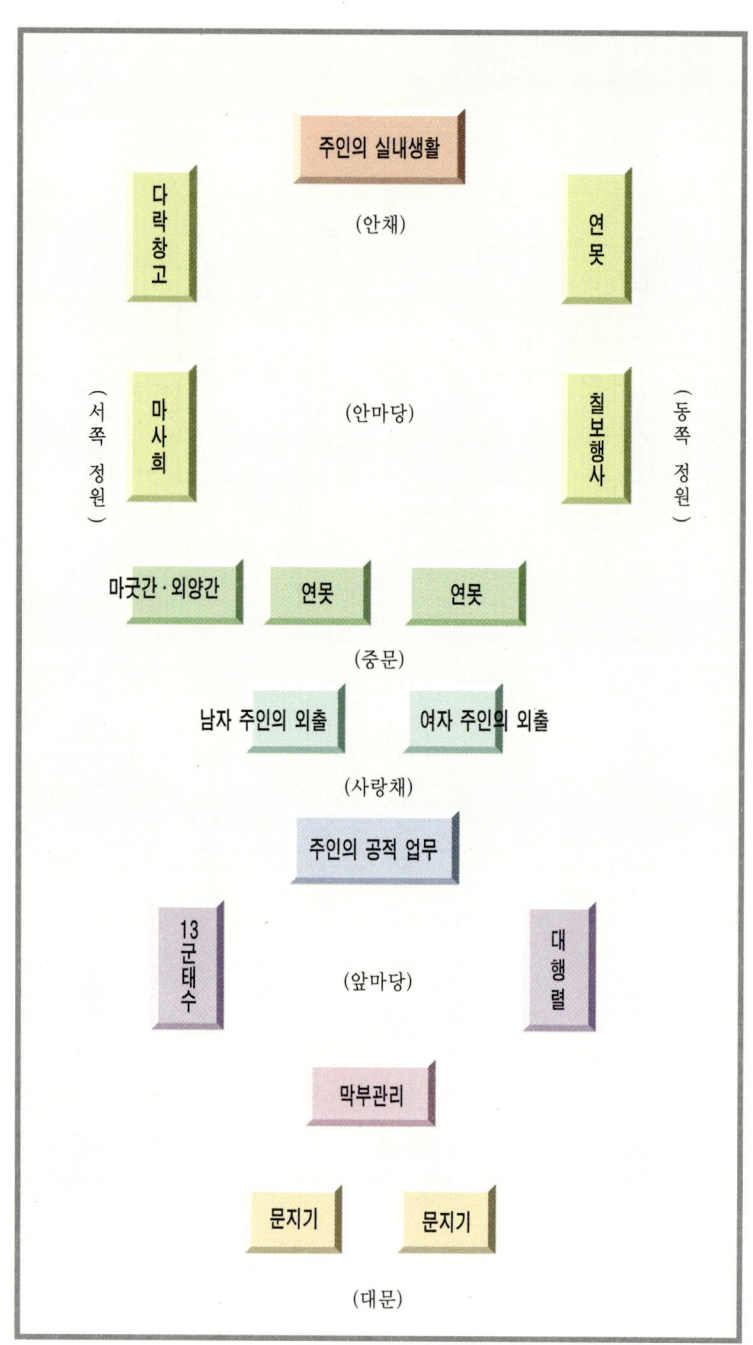

주인의 실내생활

(안채)

다락창고

연못

마사희

(안마당)

칠보행사

(서쪽 정원)

(동쪽 정원)

마굿간·외양간

연못

연못

(중문)

남자 주인의 외출

여자 주인의 외출

(사랑채)

주인의 공적 업무

13군태수

(앞마당)

대행렬

막부관리

문지기

문지기

(대문)

집의 내부시설과 쓰임새

온돌은 우리 고유의 난방시설이다. 온돌의 가장 오랜 형태는 고구려의 집자리 유적에서 발견된다. 유적으로 확인되는 초기 집자리의 온돌은 방바닥 일부에 외고래나 두 고래만을 놓은 부분온돌이다. 때문에 고구려인의 일상생활에서는 평상이나 좌상이 쓰이는 예가 많았으며 부분적으로 걸상도 사용되었다. 무용총, 약수리벽화분, 쌍영총 등의 벽화에서 평상이나 좌상을 사용하는 모습을 볼 수 있다. 보통 고래 위에는 구들장을 깔았고, 그 위에 진흙을 발

온돌의 구조(집안 동대자 유적): 'ㄱ'자꼴로 쪽구들을 놓았다. 아궁이에 불을 때었을 때 생긴 연기가 빠져 나갈 수 있도록 구들의 한쪽 끝에 굴뚝을 설치했다.

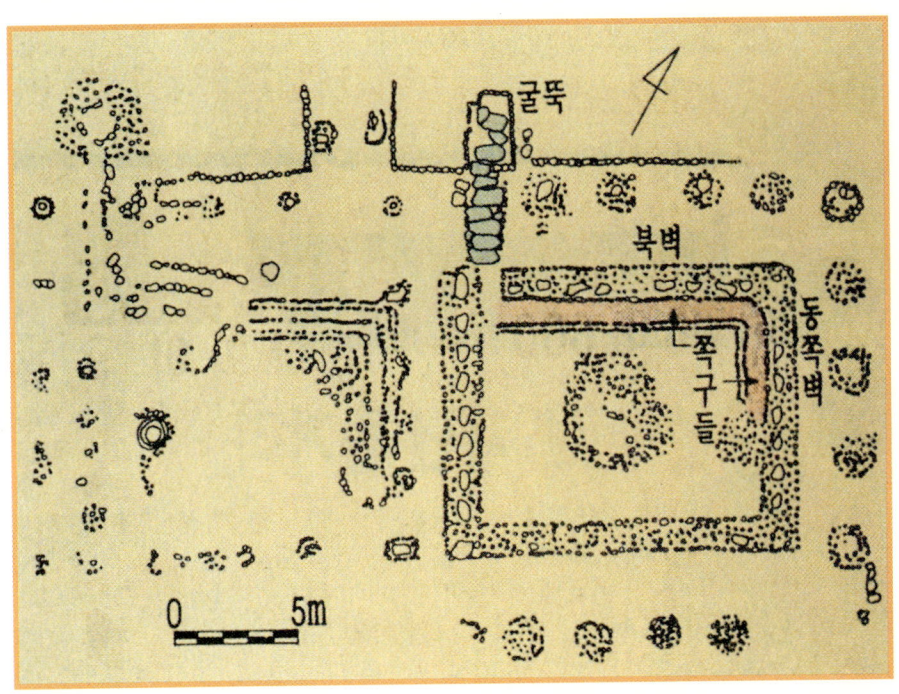

0 5m

구들(오매리 절골 유적) : 'ㄱ' 자꼴 쪽구들의 모습이 잘 남아 있다. 지금이라도 한쪽에 남아 있는 아궁이에 불을 때면 온기가 구들 밑을 흐르면서 구들돌을 따뜻하게 데울 듯하다.

평상생활(쌍영총) : 귀족부부가 신발을 벗고 평상에 앉아 있다. 평상이나 좌상은 신발을 벗고 그 위에 올라가 편안히 쉬기에 적합하다. 아직 부분온돌조차 널리 보급되지 않았지만, 고구려 인에게는 이미 방 안에서 신발을 벗는 습관이 있었음을 알 수 있다.

156 고분벽화로 본 고구려 이야기

걸상생활(무용총) : 주인과 손님 모두 걸상에 앉은 채 대화를 나누고 있다. 걸상도 비교적 널리 사용된 탓인지 음식을 차린 상의 다리 역시 높다.

라 방바닥으로 삼았다. 온돌의 높이는 20~25㎝ 정도로 낮았으며, 하나의 고래가 길게 뻗으며 ㄱ자로 꺾이는 형태가 일반적이었다. 부분온돌이었으므로 아궁이는 실내에 있었고, 굴뚝은 바깥으로 냈다.

온돌이 발명된 초기에는 궁전이나 사원과 같은 특수한 용도의 건물에만 구들을 놓았다. 고구려의 온돌은 백제와 신라에도 전해졌으며, 중국에도 영향을 끼쳐 '갱(炕)'이라 불리는 부분 난방시설이 북부지방에 자리잡게 하였다.

창고, 정자, 탑

마선구1호분 벽화에는 다락창고가 그려져 있다. 다락창고는 주로 곡식저장에 쓰인 건물이다. 곡식의 보관성을 높

정자(삼실총): 간결한 구조의 단칸 기와건물에 귀족 남자가 앉아 있다. 지붕기와의 골이 좁다.

탑(요동성총): 외성(外城)과 내성(內城)으로 구분된 요동성 안의 주요한 건물의 하나로 탑을 표현하였다. 비교적 큰성에 속했던 요동성 안에서도 육왕탑은 탑이 지닌 의미와 탑의 규모로 말미암아 지표적인 건물로 여겨졌던 듯하다.

이고 짐승의 접근을 막고자 아래층에는 기둥만 세우고, 창고 본채를 그 위에 설치하는 고상식 구조로 되어 있다.

귀족의 연회 등에 쓰인 정자류는 장천1호분 벽화에서 그 모습을 볼 수 있으며, 요동성총 벽화 중의 요동성탑(遼東

다락창고(팔청리벽화분): 머리에 건을 쓴 한 사람이 자루에 담은 것을 넣어두려고 다락창고를 향하고 있다. 창고의 왼편 기둥 곁에 사다리가 놓여 있다.

城塔)은 실물이 남아 전하지 않는 고구려 불탑의 모습을 전해준다. 요동성탑은 『삼국유사』에 요동성 육왕탑(堉王 塔)으로 전하는 것으로, 고분벽화로 볼 때 이 탑은 나무로 만든 다층탑으로 기단 중앙에 계단을 낸 비교적 규모가 큰 목탑이다.

3. 옷입기와 꾸밈새

1) 여러 가지의 옷

고구려뿐 아니라 신라 · 백제 · 부여 · 가야 사람의 기본
복식은 남녀에 관계없이 저고리와 바지였다. 이 때의 저고
리는 아랫단이 엉덩이에 이르는 긴 것으로 깃을 왼쪽으로
여민다. 저고리 깃을 왼편으로 여미는 것은 좌임(左衽)이
라 하여 활을 즐겨 쓰는 내륙 아시아 기마계 민족의 관습
이다. 저고리 소매의 너비는 신분에 따라 달라, 귀족이
입은 저고리의 소매가 평민의 것보다 넓었다. 저고
리의 깃과 도련, 소매 끝에는 의복바탕과는 다른
천을 대어 실용과 장식의 효과를 내었는데, 이
것을 선(襈)이라고 한다. 바지는 오늘날의 한
복바지와 형태상 거의 차이가 없다. 바지통
의 너비 역시 신분에 따라 차이가 있어, 신
분이 높은 사람은 대구고(大口袴)라 하여

남자의 옷(무용총): 말을 타고 어디론가 나가려는 귀족 남자의 모습이다. 크고 작은 꽃점 무늬로 장식된 저고리와 바지를 입었다. 저고리의 깃을 왼편으로 여몄으며 바지의 통이 넓다. 저고리와 바지의 재질은 부드러운 비단일 것이다.

통 넓은 바지를, 낮은 사람은 궁고(窮袴)라 불린 통 좁은 바지를 입었다. 다만 신분이 낮아도 귀족 집안의 시종과 같이 여건상 가능하거나 무용수처럼 직업상 필요할 경우, 통 넓은 바지를 입기도 하였다. 저고리와 바지 위에는 두루마기를 덧입기도 하였다. 두루마기는 기본 형태와 구조는 저고리와 같으나, 길이가 발목에 이를 정도로 길다. 본래는 추위를 막기 위해 개발된 옷이나, 후에 의례용으로 쓰임새가 바뀌어 귀족층이 즐겨 입는 덧옷이 되었다.

여자의 옷

여자 복식의 기본형에는 저고리와 바지 외에 치마가 더해진다. 치마는 보통 치맛단에 저고리처럼 선이 더해진 치마를 입었다. 이외에도 허리에서 치맛단 끝까지 잔주름이 고르게 잡힌 주름치마, 여러 색의 천으로 멋을 낸 색동치마 등 여러 가지로 멋을 낸 치마도 즐겨 입었다. 여자들은 저고리와 바지 위에 치마를 덧입고 그 위에 두루마기를 덧입는 경우가 많았다. 두루마기에도 선을 대었는데, 신분에 따라 장식의 정도가 달랐다. 신분이나 지위가 높은 부인이 입은 두루마기는 바탕 천도 정교한 무늬가 있을

여자의 옷(수산리벽화분) : 남편과 나들이에 나선 귀부인의 모습이다. 끝이 허리 아래로 내려오는 긴 저고리와 색동치마를 입고 앞으로 나아가고 있다. 저고리의 깃과 넓은 소매에 선을 대었다.

뿐 아니라, 선도 본선 외에 부선을 더하며, 선으로 쓰이는 천도 장식무늬가 있는 고급스러운 것이었다. 이러한 옷은 민무늬선을 대는 평민 여자의 옷과 쉽게 구분되었다.

여러 가지 복식의 남녀 인물

관복 차림의 남자(덕흥리벽화분):
자사(刺史)에게 유주(幽州)의 계
현(薊縣) 현령(縣令)과 13군(郡)
의 태수(太守)가 하례(賀禮)하는
장면의 일부이다. 군 태수가 입
은 두루마기의 소매가 매우 넓
고, 끝자락이 발등까지 내려온
다. 저고리, 바지 차림에 비해
활동성이 떨어지는 복장이다.

평복 차림의 남자(삼실총): 머리
에는 절풍을 쓰고, 긴 저고리와
바지를 입었다. 저고리의 깃과
도련, 소매에 선을 댔으며, 깃을
왼편으로 여몄다. (오른쪽)

시종(수산리벽화분): 머리에 건을
쓴 시종 두 사람이 나란히 서 있
다. 두 사람이 입은 바지는 통이
좁은 궁고이다. (왼쪽)

관복 차림의 남자(수산 리벽화분) : 머리에 책을 쓴 두 사람이 소매 속으로 두 손을 모아 맞잡은 자세로 위와 아래에서 서로를 보고 있다. 몸에 걸친 두루 마기의 끝자락이 발등 까지 내려왔다.

시녀(무용총) : 위에는 점무늬의 긴 저고리를, 아래에는 통이 좁은 바지를 입었다. 머리에 별다른 장식을 하지 않았으며, 얼굴이 갸름하고 깨끗하다.

예복 차림의 여자(감신총) : 둥근 깃의 붉은빛 통옷 아랫자락이 치마처럼 좌우로 넓게 펼쳐졌다. 허리에 맨 띠의 자락이 뒤로 길게 드리워졌다. 머리를 고리모양으로 틀어올렸으며, 두 손을 모아 붙여 어떤 바람을 이루려고 비는 듯이 보인다.

시녀(수산리벽화분) : 허리까지 내
려오는 긴 저고리와 주름치마를
입었다. 깃과 도련, 소매에 댄
검은 선이 좁고 가파르게 내려온
어깨선과 어우러지면서 고구려
여인이 입던 저고리의 멋을 한껏
드러내고 있다.

직녀(덕흥리벽화분) : 소매 속으로
두 손을 모아 맞잡았다. 옷의 아
래 자락이 은하(銀河)에 닿아 있
어 그 끝이 분명치 않다.

집안과 평양 지역의 복식 차이

고구려인의 옷은 집안과 평양이라는 두 지역을 중심으로 차이를 보인다. 고구려 전기의 수도였던 집안 지역에서는 비교적 밝고 단순한 색상의 바탕천에 점무늬, 마름모무늬, 꽃무늬 가운데 한 가지를 간결하게 반복하여 장식한

평양 지역(안악3호분): 겹겹으로 주름진 모습에서 옷감의 풍성함을 느낄 수 있다. 소매나 깃에 선을 덧대지 않은 것도 5세기 이전 평양 지역 복식의 특징 가운데 하나이다.

옷이 선호되었다. 반
면, 후기의 수도인 평
양 지역에서는 보다
다양하고 화려한 색
상의 바탕 천에 구름
무늬, 물결무늬, 넝
쿨무늬, 각종 기하무
늬 등을 두세 가지씩
복잡하고 화려하게
장식한 옷이 유행하
였다. 이것은 고유색
이 강하였던 집안 지
역과 중국 문화의 수
용에 적극적이었던
평양 지역의 문화전
통상의 차이에 말미
암은 것이다. 그러나

집안 지역(무용총) : 점무늬의 긴
두루마기 아래로 안에 걸친 주름
치마의 끝자락이 보이며, 다시
그 아래로 속에 입은 바지자락이
보인다. 평양 지역의 옷에 비해
두루마기 자락도 그 폭이 그리
넓지 않다.

5세기 후반에 이르면 고유의 점무늬 옷에 세련미를 더한
복식이 등장한다. 427년 이루어진 평양 천도 이후 고구려
사회에서 두 지역 문화의 특징을 통합하려는 노력이 진행
되어 일정한 성과를 거두었기 때문일 것이다.

2) 다양한 머리모양

여자의 머리모양

고분벽화를 보면 고구려 여자들의 머리모양이 매우 다양했음을 알 수 있다. 머리를 뒷머리에서 앞머리로 감아 돌려 끝을 앞머리 가운데에 감아 꽂은 모양의 얹은머리, 이마 가까운 곳에서 좌우로 상투를 틀어 올린 쌍상투머리, 머리를 고리모양으로 위로 틀어 올린 고리튼머리, 머리를 뒤통수에 낮게 트는 쪽진머리, 머리를 뒤에서 묶는 묶은머리, 머리를 뒤로 내린 채머리가 고분벽화의 등장인물 중에

귀부인의 고리튼머리(안악3호분) : 머리를 상투처럼 틀어 올린 다음, 반고리 모양으로 머리를 틀어 각각 둘레를 감싸고, 남은 부분을 고리에서 늘어뜨렸다. 완성된 머리에 다시 여러 가지 장식을 더하였다.

보인다. 좌우 뺨 곁으로 머리 일부를 늘어뜨린 푼기명머리는 위의 기본적인 머리형에서 가지친 머리모양의 하나이다. 고리튼머리는 조선시대의 떠구지와 같이 머리 위에 얹힌 모양을 하고 있는데, 그 위에 비녀와 여러 가지 머리꽂이를 하여 화려하면서도 복잡한 느낌을 준다. 이러한 머리모양은 안악3호분 벽화의 여자 주인과 시녀에게서 집중적으로 발견되는데, 집안 지역 고분벽화의 등장인물에는 보이지 않는다.

시녀의 고리튼머리(안악3호분) : 여러 가닥으로 머리를 틀어올리고 남은 부분은 뒤로 둥글게 말아 붉은 끈으로 묶었다. 머리를 고리트는 방식도 여러 가지였음을 알 수 있다.

얹은머리와 쌍상투머리(덕흥리 벽화분): 앞의 두 시녀는 얹은 머리를, 뒤의 두 시녀는 쌍상투머리를 하고 있다.

채머리(무용총): 머리를 뒤로 내린 내린머리는 시집을 가지 않은 처녀들의 일반적인 머리 형식이다. (아래, 왼쪽)

푼기명머리(삼실총): 묶은머리 에서 가지친 머리형식의 하나 이다. (아래, 오른쪽)

얹은머리(쌍영총): 머리를 틀어 얹은 얹은 머리는 신분과 지위에 관계 없이 시집을 간 여자들에게서 일반적으로 볼 수 있는 머리형식이다. (위)

얹은머리(안악2호분): 머리를 얹으면서 변화를 주어 머리숱이 풍성하게 보이게 한 경우이다. (아래, 오른쪽)

얹은머리(삼실총): 가장 맵시 있게 처리된 얹은머리의 사례이다. (아래, 왼쪽)

남자의 머리모양

고분벽화에 등장하는 남자 대부분이 머리수건이나 관모(官帽)를 쓴 모습으로 그려졌다. 때문에 남자의 머리모양이 얼마나 다양했는지를 정확히 알기는 어렵다. 각저총 벽화의 씨름하는 사람에게서 볼 수 있듯이 머리를 머리 위 한가운데로 모아 방망이 모양으로 묶은 곧은상투가 가장 일반적이었을 것이다. 고분벽화에는 이외에도 머리를 아래로 길게 풀어 내린 모습, 머리를 밀어 민둥머리로 만든 모습 등이 보인다.

상투(각저총) : 고구려인으로 추정되는 씨름꾼은 머리를 머리 위로 모아 그냥 뭉친 듯하다. 반면 서역계 씨름꾼의 상투는 전형적인 곧은상투이다.

상투(안악2호분) : 머리의 상투가 크고 둥글어 여자의 얹은머리를 연상하게 한다. (위, 왼쪽)

민둥머리(쌍영총) : 불교의 승려나 도교의 일부 도사 등 특수한 직업을 지닌 사람들에게서만 볼 수 있는 머리모양이다. (위, 오른쪽)

상투(삼실총) : 험상궂은 얼굴에 비해 상투는 매우 단정하게 묶고 있다.

3) 다양한 모자, 그리고 신발

건(巾)과 절풍(折風)

모자는 본래 머리를 보호하기 위해 만들어졌으나, 장식적인 효과에 신분 표시적인 기능이 더해지면서 다양한 변화와 발전을 보인 도구이다. 고구려 고분벽화에는 건(巾), 절풍(折風), 조우관(鳥羽冠), 책(幘), 라관(羅冠) 등 여러 종류의 모자가 보인다.

건(수산리벽화분): 건은 시종들이 즐겨 쓰던 모자이다. 그러나 간편하고 실용적이어서 사냥과 같은 야외활동 때에는 지위에 관계없이 사용하기도 하였다. (왼쪽)

건(덕흥리벽화분): 공손한 자세로 서 있는 이 사람은 시종이다. 건의 뒤꼭지를 맵시 있게 매듭지었다. (오른쪽)

절풍(무용총): 고구려인이 가장
즐겨 쓰던 모자이다. 모자를 고
정시키기 위해 절풍 좌우에서 끈
을 드리워 턱에 맸다. (왼쪽)

절풍(대안리1호분): 코가 뾰족
한 사람이 앞으로 나아가던 자세
로 몸을 틀고 고개를 돌려 자신
의 뒤편을 바라보고 있다. 머리
의 절풍에서 드리워진 끈이 이
사람의 옆얼굴에 잘 표현되어 있
다. (오른쪽)

건은 수건과 같은 형태의 천으로 머리를 싸고 뒤에서 묶
는 방식의 초보적인 모자를 가리킨다. 고분벽화에서 남자
의 건은 검은색, 여자의 건은 흰색으로 구분되어 나타난
다. 절풍은 고구려에 관한 문헌기록에 '그 모양이 고깔과
같다'고 표현된 모자이다. 고깔을 뜻하는 '변(弁)'이라는
문자는 '세모꼴의 끈 달린 모자'를 나타낸 상형문자인데,
실제 고분벽화에 보이는 절풍은 정수리 부분인 위가 뾰족
한 세모꼴이다. 이와 유사한 형태의 모자가 백제와 신라에
서도 쓰였음이 마애석각(磨崖石刻)이나 고분 출토 유물을
통해 확인된다.

고분벽화에는 절풍에 새깃을 꽂아 장식한 이른바 조우관(鳥羽冠)을 쓴 인물이 다수 보인다. 절풍의 좌우에 새깃을 한 개씩 꽂거나 정수리 부분에 새깃 여러 개를 한꺼번에 꽂은 경우가 일반적이며, 투구 위에 새깃을 꽂은 예도 보인다. 고구려에서는 신분이나 지위의 높낮이에 따라 모자에 꽂는 깃의 수가 달라지며, 나아가 금이나 은으로 만든 새깃을 꽂는 경우도 있다고 한다.

모자에 새깃을 꽂아 장식하는 풍습은 고구려 외에 신라와 백제에도 있었으며, 내륙 아시아의 여러 민족들에게서 일반적으로 발견된다. 이런 풍습은 새를 신의 사자(使者), 죽은 자의 인도자로 여기는 신앙에서 유래한 경우가 많다. 삼한 중 마한에는 사람이 죽으면 큰 새의 깃을 관

조우관(쌍영총) : 쌍영총 널길 벽에 그려진 벽화의 일부이다. 말을 타고 달리는 이 고구려 귀족은 머리에 새깃 두 개를 꽂은 절풍을 썼다. 이목구비가 또렷하고 얼굴이 갸름하여 단아한 느낌을 주는 사람이다.

조우관(무용총) : 막 사냥에 나서는 귀족 무사의 모습이다. 절풍의 위에 새깃을 많이 꽂아 자신의 높은 신분을 과시하고 있다.

새깃 꽂은 투구(덕흥리벽화분) : 투구에 긴 새깃을 꽂은 철기들의 행렬 일부이다. 신라의 경주에 주둔했던 고구려군도 이러한 새깃 장식 투구를 썼을 것이다.

위에 놓아두었다고 한다. 대전 출토 농경문 청동기에는 머리에 새깃을 꽂은 인물이 밭을 가는 모습이 새겨져 있다. 또한 신라의 고분에서도 금은제 새깃 장식이 출토되며 백제에서는 조배(朝拜)와 제사 때 새깃 꽂은 관모를 착용했다고 한다. 그런데 고구려인의 새깃 선호는 유별나 모자에 새깃 꽂는 풍습을 신분의 높고 낮음을 나타내는 기준으로까지 발전하였다. 400년 광개토왕의 남정(南征) 이래 신라는 고구려의 영향력 아래 있었다. 이러한 상태에서 벗어나고자 경주에 주둔하던 고구려 군사를 몰살시키려 할 때 '수탉을 죽여라' 는 말을 기습공격의 암호로 썼다는 기록이 『일본서기』에 보인다. 고구려인이 모자에 새깃 꽂기를 매우 좋아한 것이 신라인의 눈에조차 별나게 비쳤음을 알 수 있다.

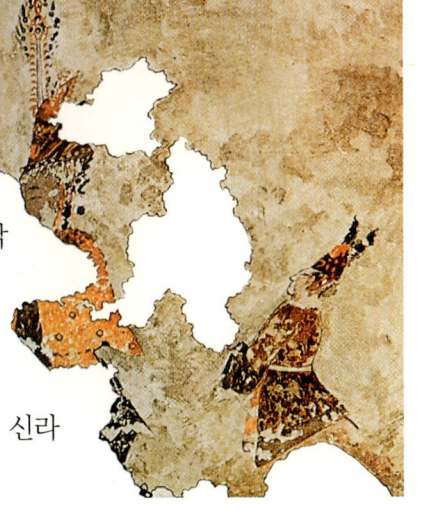

조우관(개마총) : 개마총 행렬도의 일부이다. 모자에 금속제 새깃을 꽂은 앞 사람이 보통 새깃을 꽂은 뒤의 사람 보다 지위가 높음을 두 사람의 몸의 크기로도 유추할 수 있다.

새깃 꽂은 투구(안악3호분) : 투구
에 꽂는 새깃의 수나 종류도 여
러 가지였다. 안악3호분 벽화의
철기들은 투구에 여러 개의 새깃
을 꽂았다.

새깃 꽂은 투구(감신총) : 새깃 장
식 투구를 쓴 갑주 무사들이 어
깨에 둥근고리 긴칼을 얹은 모습
으로 행진하고 있다.

책(幘)과 관(冠), 그 외 여러 형태의 모자

책(幘)은 문관이나 무관의 의례용 모자로 주로 사용되었다. 앞부분이 모자테보다 한 단 높고, 앞부분보다 더 높은 뒷부분이 두 가닥으로 갈라지면서 앞으로 구부러진 형태의 책과 뒤 운두가 뾰족하게 솟은 책의 두 종류가 있다. 뒤 운두가 솟은 책은 주로 무사들이 썼다. 책에 쓰인 천이나 천의 색깔로 신분의 차이를 나타냈다. 중국의 책은 '수(收)'라는 뒤에 드리우는 천이 있으나, 고구려의 책은 이것이 없다.

문관용 책(안악3호분): 머리에 쓴 책의 운두가 두 가닥으로 나뉘었다. 머리 옆에 붉은 글씨로 써 있는 '기실(記室)'이라는 직책 이름에 맞게 손에 붓을 들고 주인의 지시를 받아쓰고 있다.

라관(羅冠)은 신분과 지위가 높은 인물만이 쓰던 모자로 뒤 운두가 솟은 책 모양의 내관(內冠)과 발이 성긴 '라(羅)'라는 비단으로 짠 외관(外冠)으로 이루어졌다. 문헌기록에 의하면 고구려에서는 왕은 백색, 대신은 청색, 그

문관용 책(덕흥리벽화분) : 문관용
책을 쓴 유주 13군태수(郡太守)
의 일부이다. 모자테 위의 부분
이 막대 끝 모양으로 솟았고 뒤
의 운두가 가늘게 가닥져 올라가
안악3호분 벽화의 문관 책과 형
태상 차이를 보인다.

무관용 책(안악3호분) : 안악3호분
회랑에 그려진 대행렬도의 일부
이다. 말을 탄 무관은 검은 책
을, 어깨에 도끼를 걸치고 걸어
가는 무관은 붉은 책을 썼다. 또
어깨에 활을 걸친 채 걷고 있는
행렬 오른쪽의 무관은 검은 책을
썼다. 책의 색깔이 무관내 신분
및 지위의 차이와 관련 있음을
알 수 있다.

다음은 붉은색 비단으로 짠 라관을 썼다고 한다. 고분벽화
에서 무덤 주인은 흔히 라관을 쓴 모습으로 그려진다. 패
랭이는 반구형 덮개와 햇빛 가림용의 넓은 채양으로 이루
어진 실용적인 모자로 오늘날의 밀짚모자와 기본 형태가
같다. 감신총, 안악2호분 등의 벽화에 보인다.

라관(감신총)

라관(안악3호분): 머리에 쓴 라관
이 흰색인 점을 들어 이 사람을
고구려의 왕(王)으로 보기도 한
다. (위, 왼쪽)

라관(덕흥리벽화분) (아래, 왼쪽)

모자(천왕지신총)

관(오회분4호묘)

모자(무용총)

모자(오회분4호묘)

견우가 쓴 모자 (덕흥리벽화분)

신발

신발은 일상화와 특수화로 나누어진
다. 목이 긴 가죽신인 화(靴)와 목이 짧은
신인 혜(鞋)가 일상화라면, 바닥에
송곳과 같이 끝이 날카로운 쇠막대

를 촘촘히 박은 못신류는 특수화라고 할 수 있다. 못신류

는 전쟁에서 갑주로 무장한 기병이 보병의 접근을 막기 위
해 자신의 신발에 덧신던 것이다. 삼실총 벽화에서 이 신
을 신은 갑주 무사의 모습을 볼 수 있으며, 무덤 속에서 실
물이 발견되기도 하였다.

고구려 귀족들은 노란 가죽신을 즐겨 신었다고 한다. 무

신(무용총) : (위, 왼쪽과 가운데)

가죽신(안악3호분) : 긴 뿔피리를 불고 있는 사람의 신은 보통의 검은 가죽신이다. (위, 오른쪽)

목 긴 가죽신(수렵총) : 모습을 잘 드러내기 위해 목이 긴 가죽신 한 켤레를 옆으로 돌려놓았다. 오늘날의 반부츠와 형태가 비슷하다.

용총벽화에서는 사냥중인 기마 인물들이 목이 긴 가죽신을 신은 모습을 볼 수 있으며, 쌍영총 및 약수리고분 벽화에서는 무덤 주인부부로 보이는 인물들이 목이 긴 가죽신을 벗고 평상 위에 앉아 있는 모습을 볼 수 있다. 목이 짧은 신은 고분벽화의 등장인물들에서 비교적 쉽게 발견된다.

ᄂ 천장고임돌에 그려져 있는 부처(佛)의 세계. 사진은 무릎 꿇고 공양하는 모습(공양상)과 연꽃(古墳壁畵).

4. 먹거리

음식만들기

고구려인의 주식은 조와 콩을 비롯하여 밀, 보리, 수수, 기장 등 곡물류였다. 조나 보리, 수수 등의 곡물은 가루를 내어 시루에 쪄 먹었다. 실제 고구려의 유적에서는 시루가 출토되고 있다. 안악3호분 벽화에는 시녀로 보이는 여자

부엌(안악3호분): 왼편에서 조리에 분주한 동안, 오른편에서는 부지런히 상을 차리고 있다. 국자로 동이 속을 젓는 여자의 이름은 그 옆에 붉은 글씨로 써 있듯이 '아비(阿婢)' 이다.

방앗간(안악3호분) : 두 여자가 디딜방아로 곡식을 찧느라 바쁘다. 한 사람이 방아다리를 밟아 공이를 올린 동안 다른 사람은 둥근 구멍에 곡식을 넣고 있다. 디딜방아가 아직도 농촌 일부에 남아 있는 것과 모습이 같다. (왼쪽)

고깃간(안악3호분) : 천정께의 가로막대에 걸쳐진 네 개의 커다란 갈고리에 줄이 드리워졌고, 그 줄에 돼지와 노루 같은 짐승이 통째로 꿰어 있다. 고깃간으로 올라서는 계단 세 칸이 반듯하게 놓여 있다. (오른쪽)

들이 시루 모양의 큰 동이를 아궁이 위에 얹은 채 아궁이에 불을 지피고 국자로 동이 속을 저으며 조리에 열중하는 모습이 보인다.

육식의 대상으로는 소, 돼지, 닭, 개 등 사육하는 가축뿐 아니라 사냥을 통해 얻는 멧돼지, 노루, 꿩과 같은 짐승들도 있었다. 고구려의 고기요리 가운데 하나였던 것으로 여겨지는 맥적(貊炙)은 오늘날의 불고기의 전신이라 할 수 있다.

고분 벽화로 볼 때, 고구려에서 귀족 집은 부엌이 안채와 분리되어 있었다. 부엌에서 조리가 끝나면 하녀는 음식을 그릇에 담아 소반에 받쳐들고 안채나 사랑채로 가 상차림을 했다. 무용총 벽화에서 볼 수 있듯이 주인과 손님의 상은 따로 차렸으며, 상마다 음식을 따로 놓기도 하였다.

상차림(무용총): 주인과 손님 앞에 각각 상이 하나씩 놓였고, 그 위에 음식들이 차려졌다. 두 상의 뒤편에도 네 개의 상이 놓였으며, 각 상에 올려진 그릇에는 음식이 높게 쌓여 있다. 상에 놓인 그릇들은 검은색인데, 당시에 고급식기로 여겨지던 칠기(漆器)일 가능성이 높다.

상 나르기(무용총): 두 여자가 부엌에서 조리된 음식들을 상에 차려 들고 주인과 손님이 담소중인 넓은 방으로 향하고 있다. 부엌에서는 안악3호분 벽화에서 본 것과 같이 조리와 상차림이 계속되고 있을 것이다.

삶 193

5. 놀이, 사냥, 악기, 수레

춤과 노래

깃털 모양 금장식 절풍모를 쓰고
흰색 무용신을 신고 망설이다
삽시에 팔을 저으며 훨훨 춤을 추어
새처럼 나래 펼치고 요동에서 날아왔도다.

시인 이백(李白)이 당의 궁중무
의 하나로 행해지던 고려무(高麗
舞), 곧 고구려의 춤을 보고 쓴 「고
구려」라는 시이다.

고구려에는 다양한 형식의 춤
이 있었다. 춤을 추는 사람은 옷
소매가 긴 옷을 나풀거리며 춤을
추었다. 춤은 일반적으로 춤추는
사람의 수에 따라 홀로 추는 춤,
둘이 추는 춤, 여럿이 추는 춤으

오현금(五絃琴) 연주와 독무(장천1
호분) : 위에는 무용복을 입은 사
람이 오현금을 연주할 사람을 만
나는 장면을, 아래에는 오현금
연주에 맞추어 춤추는 모습을 그
렸다. 저고리의 긴 소매를 나풀
거리며 춤추는 사람의 붉은 얼굴
은 분장 때문인 듯하다. 연주자
의 머리는 푼기명머리이며, 얼굴
은 연지와 곤지로 장식하였다.

군무(群舞)와 합창(무용총): 무덤을 '무용총'이라고 이름짓게 한 그림의 일부이다. 비스듬히 선 왼편의 세 사람이 한 줄, 나란히 선 오른편의 두 사람이 다른 한 줄을 이루어 춤추는 장면이다. 합창대로 추정되는 아래의 일곱 사람 가운데 세 번째 사람은 고개를 돌려 딴전을 피고 있다.

로 나뉜다. 또한 춤추는 사람이 도구를 쓰는지의 여부에 의해 도구를 지닌 춤과 그렇지 않은 춤으로 다시 나뉠 수 있다. 그리고 협연 형태에 따라 남녀합창에 맞추어 추는 춤, 거문고 등의 악기의 연주에 맞추어 추는 춤으로 구분할 수 있다. 고분벽화에는 이와 같은 여러 가지 형식의 춤이 모두 나타난다. 무용자들은 흔히 얼굴에 화장을 하고, 소매가 긴 저고리와 통 넓은 바지로 이루어진 무용복을 입었다.

고구려인들, 특히 귀족들이 즐겼던 것 가운데 하나는 재주 관람이다. 재주는 귀족들이 행차하는 행렬 한가운데에서 행해지기도 했다. 그러나 장천1호분 벽화에서 볼 수 있듯이 집주인과 손님의 야유회 장소에서 펼쳐지는 예가 더 많았을 것이다. 재주의 종류는 크게 말타기, 손놀리기, 발

재주(수산리벽화분): 한 무리의 재주꾼이 여러 가지 손 재주와 발 재주를 선보이는 장면이다. 고개를 제껴 들고 무릎을 약간 구부린 채 두 다리를 넓게 편 자세로 여러 개의 공과 막대기를 번갈아 던져 올리며 받아내는 사람에게서 긴장감이 느껴진다.

재주(장천1호분): 주인과 손님 사이의 나무 아래에서는 한 사람이 원숭이를 부려 나무를 오르내리게 하고 있다. 새깃 장식 모자를 쓴 오른쪽 손님의 등 뒤편에서는 두 사람의 재주꾼이 손 재주를 부리고 있다.

칼춤(안악3호분): 한 사람이 오른손에는 칼, 왼손에는 활을 쥐고 춤을 추고 있다. 행군 도중 혹은 진영 안에서 펼쳐지는 이러한 춤은 실제 놀이와 훈련을 겸한 행위라고 할 수 있다.

놀리기, 칼부리기 등으로 나눌 수 있다. 팔청리벽화분 벽화에는 이런 재주가 모두 등장한다. 뿔나팔 연주에 맞추어 갖가지 묘기를 보여주는 말타기 재주, 여러 개의 막대기와 공을 엇바꾸어 던져 올리며 받는 손 재주, 완함 반주에 맞추어 높은 나무다리에 올라가 춤추는 발 재주, 두 사람이 짝을 이룬 칼부림 재주 장면을 팔청리벽화분의 재주 그림에서 볼 수 있다.

사냥

고구려에서 사냥은 여러 가지 의미를 지닌 행사였다. 왕이 직접 참가하는 경우가 많은 대규모의 정기적 사냥은 국가적인 제의에 쓰일 희생 제물을 마련하기 위한 행사였다.

사냥(무용총): 팽팽하게 당겨진 활시위, 날카롭게 뻗어나간 말꼬리, 한껏 앞뒷발을 뻗으며 내닫는 호랑이와 사슴 등이 물결치듯 흐르는 산세와 어우러지면서 사냥터를 팽팽한 긴장감 속에 몰아 넣는다.

뿐만 아니라 일종의 군사훈련이기도 하였다. 고구려는 해마다 3월 3일 낙랑 언덕에서 왕과 5부의 군사가 모두 참여하는 대규모 사냥을 하고 그 수확물로 천지(天地)에 제사를 지냈다고 한다. 바보 온달이 평강 공주의 도움으로 갈고 닦은 기량을 선보이며 왕의 사위로 인정받은 자리도 이 '낙랑회렵(樂浪會獵)'이었다.

고구려의 생활풍속계 고분벽화에는 사냥 그림이 자주 나온다. 고분벽화에서 사냥 그림은 종교적 의미를 지닌 제재이다. 벽화의 세부표현을 통해 사냥방법과 그 대상뿐 아

사냥(장천1호분): 산자락의 넓은 터가 사냥의 공간이다. 화살을 피해 내닫는 노루, 머리와 등에 화살이 꽂힌 채 달려드는 호랑이. 빠르고 급하게 진행되기 마련인 사냥 특유의 분위기가 잘 살아난다. 사냥터 한 구석의 거대한 나무 밑 동굴 속에 숨어 있는 곰이 눈길을 끈다.

매사냥(삼실총): 고려의 사냥용 매는 한때 아시아와 유럽에 걸친 거대한 판도를 자랑하던 몽고제국에서 가장 귀하게 여겨지던 것이다. 해동(海東)의 보라매가 고구려 때에 이미 새사냥에 쓰였음을 이 벽화가 보여 준다.

니라 당시의 복장, 무기, 무장 등도 알 수 있다. 벽화는 고구려인이 창을 위주로 한 도보사냥, 활에 의존하는 기마사냥, 매를 이용하는 매사냥 등 다양한 사냥방법을 통해 호랑이, 멧돼지, 사슴, 고라니, 꿩 등을 잡았으며, 짐승몰이에 몰이꾼뿐 아니라 사냥개도 동원하였음을 알게 한다. 안

기마사냥(덕흥리벽화분)

도보사냥(장천1호분)

악3호분 벽화 중의 고깃간[肉庫]으로 보아 사냥한 짐승은

희생제물로뿐 아니라 식량으로도 쓰였던 것으로 보인다.

현악기 문헌 및 고분벽화를 통해 확인되는 고구려의 악기는 38종에 이른다. 악기는 보통 현악기, 관악기, 타악기로 나뉘는데, 고분벽화에는 세 종류의 악기가 모두 보인다. 현악기로 대표적인 것은 4현, 5현, 6현으로 이루어진 거문고류이다. 안악3호분 벽화에 보이는 6현금은 『삼국사기』에 고구려의 왕산악이 만들었다고 전하는 '현학금(玄鶴琴)'과 같은 것이라고 할 수 있다. 완함(阮咸)은 둥근 음향부에 곧고 긴 자루가 달려 있는 악기로 문헌상의 비파류에 해당한다. 완함은 본래 중앙아시아 지역에서 발전하

거문고(무용총): 귀가 당나귀귀처럼 길고, 목도 유난히 긴 선인이 거문고를 무릎에 올려놓고 연주에 몰두하고 있다. 거문고줄을 뜯는 손가락의 구부러짐이 정확하다.

거문고(무용총) : 거문고를 연주
하는 여자 선인의 모습이다.
머리는 고리튼머리이다.

완함(덕흥리벽화분) : 오른쪽의
시녀는 둥근 부채로 바람을 일
으키고 있고, 왼편의 시녀는
완함을 연주중이다.

여 널리 쓰인 악기
이다. 중앙아시아
일대에서 만들어
진 불교 석굴사원
벽화와 남북조시
대 중국 북부에서
만들어진 석굴사

원 장식에 완함을 다루는 기악천의 모습이 자주 나타난다.
삼실총 등 고구려 고분벽화에는 완함을 다루는 천인(天人)
이 보인다. 고구려와 이들 지역과의 문화교류 양상과 관련
하여 눈길을 끄는 표현이다.

완함(삼실총): 지금도 중앙아시아 일대의 오아시스도시에서는 완함류의 악기를 연주하는 모습을 볼 수 있다.

관악기　뿔나팔은 본래 행진 등 대규모 인원의 움직임을 통제하는 데 쓰인 신호용 악기이다. 고분벽화에 가장 자주 등장하는 관악기이기도 하다. 그러나 벽화에서 보이듯이 크고 작은 여러 종류의 뿔나팔이 만들어지면서 뿔나팔은 연주에도 쓰이게 되었다. 피리류로는 세로로 부는 긴저, 가로로 부는 젓대 및 소(簫) 등이 있었으며, 벽화에서 그 형상을 볼 수 있다. 소

뿔나팔(무용총): 뿔나팔은 신라, 가야의 유물 중에도 보인다. 신라에서는 뿔나팔 모양의 잔(盞)을 사용하기도 하였다.

뿔나팔(삼실총): 작은 뿔나팔이어서 한 손으로만 잡고 있다.

뿔나팔(안악3호분): 연주용으로 뿔나팔이 사용되는 경우이다. 안악3호분 앞방 앞벽의 작은북을 비롯한 여러 가지 악기를 들고 무릎 꿇고 있는 사람들의 윗쪽에 홀로 그려졌다. (아래, 왼쪽)

뿔나팔(수산리벽화분): 멜북을 메고 가는 사람들 뒤를 따르면서 뿔나팔을 부는 모습이다. (아래, 오른쪽)

는 길고 짧은 참대 토막 여러 개를 옆으로 나란히 묶어 하모니카처럼 부는 악기이다.

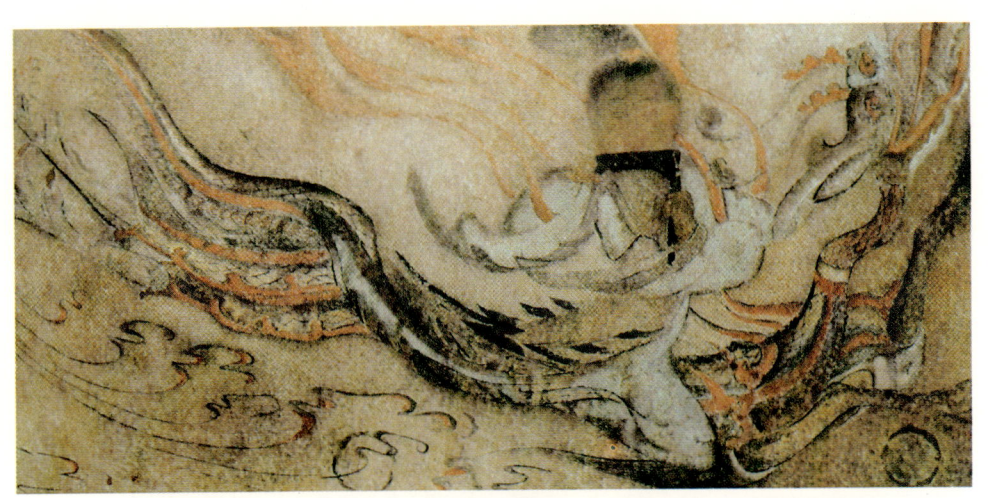

소(오회분4호묘) : 용을 타고 하늘을
날면서 소를 부는 모습이다. (위)

젓대와 소(오회분4호묘) : 마치 하늘이
악기소리로 가득한 듯하다. 선인들
사이로 해가 떠 있다. (가운데)

젓대와 소(덕흥리벽화분) : 귀족인 주
인을 위한 연주단의 일부이다. (아래)

타악기 타악기로는 북과 종, 징이 있다. 북은 여러 종류가 있었으며 고취악대의 가장 주요한 구성 요소의 하나였다. 세운북, 매단북, 말북, 메는북, 거는북, 흔들북, 장고 등이 고분벽화에 보인다. 장고는 중앙아시아 지역에서 유행하던 것으로 요고로도 불린다. 종과 징은 안악3호분 벽화에 보인다. 고분벽화의 징

메는북(덕흥리벽화분): 북은 타악기를 대표하는 악기라고 할 수 있다. 두 사람이 북을 메고 가는 동안 한 사람은 북을 두드린다. 걸어가며 북을 두드리는 사람(고수, 鼓手)의 자세가 사실적이다. (위)

말북(안악3호분): 말을 타고 가면서 연주할 수 있도록 만든 가볍고 작은 북이다. 북치는 사람이 손에 쥔 북채도 작고 앙징맞다. (아래 오른쪽)

메는북(수산리벽화분): 고취악대의 주요한 구성요소였던 까닭에 메는 북의 멜대 위에는 일산을 설치하고, 세워 쓰기를 겸할 경우 다리를 덧붙이기도 하였다. 벽화의 메는북은 세워쓰기 겸용이다. 여러 가지 무늬로 장식된 북을 잘 나타내기 위해 북을 두드리는 사람을 북 뒤편에 배치했다. 북 아래로 이 사람의 두 다리가 보인다. (아래, 왼쪽)

장고(오회분4호묘): 고분벽화
에 남겨진 가장 아름다운 연
주장면의 하나이다. 손바닥으
로 가볍게 북을 두드리는 선
인의 자세가 오늘날의 장고
연주를 보는 듯하다.

고취악대(안악3호분)

은 군대의 행진에 쓰이던 요(鐃)나 정(鉦)의 일종이다.

고취악대　　고취악이란 타악기와 관악기 몇 종류로 구

성된 기악합주의 한 유형이다. 고구려에서 고취악이 발전

하고 중시되었음은 고분벽화를 통해 확인할 수 있다. 평양

고취악대 (안악3호분) : 64명으로 이루어진 대규모 고취악대의 일부이다. 악대의 행렬이 주인의 수레를 둘러싸고 있다.

역전벽화분과 안악3호분, 감신총, 약수리벽화분의 벽화에는 여러 형태의 행진 고취악대의 모습이 보인다.

이 가운데 눈길을 끄는 것은 안악3호분 회랑의 대행렬도에 등장하는 고취군악대로 그 규모가 매우 크다. 현재 남아 있는 행렬도에서 확인되는 고취악대의 성원만 무려 64명이다. 악대는 여러 줄의 타고대와 고취대로 구성되어 있다. 대원들이 취주하는 북과 종, 요 등 타악기만 9종이 보이며, 악대 중 크고 작은 뿔나팔을 부는 사람도 28명이나 된다.

고대 및 중세 사회에서 수레는 오늘날의 자동차와 같은 존재이다. 고구려의 수레는 고분벽화를 통해 그  종류와 형태를 알 수 있다. 수레는 말이 끄는 것과 소가 끄는 것이 있다. 마차(馬車)는 남자의 전용이었던 반면 소가 끄는 우차(牛車[牛轎車])는 부인용으로 쓰였다. 그런데 중국의 삼국위진남북조시대(三國魏晋南北朝時代)에는 우차를 고급스럽게 여겨 귀족 남자들도 출입할 때에 애용하게 된다. 이 때문인지 이들 나라와 교류가 많았던 고구려에서

수레(쌍영총)

수레바퀴의 신(오회분4호묘): 신
이 붙잡고 있는 수레바퀴는 바퀴
살이 있는 개량형이다. 최초의
수레바퀴는 둥글게만 만든 통테
바퀴였다.

수레(안악3호분): 귀족 주인이 탄
우차의 일부분이다. 20개 가량의
바퀴살을 일정한 간격으로 방사
선꼴로 펼쳐 무게를 잘 견디면서
도 잘 구르게 만든 것으로 당시
로서는 최신형에 해당한다.

수레(무용총): 부인용 우차의 모습이다. 차양에 가려져 차 속에 사람이 탔는지, 탔다면 어떤 사람인지를 알 수 없다.

차고의 수레(안악3호분): 차고에 둔 상태여서 소는 보이지 않는다. 지금의 차 엔진에 해당하는 소는 가까운 외양간에서 여물을 먹고 있을 것이다.

도 귀족 남녀들 사이에 우차가 많이 쓰였다.

고분벽화를 보면 우차도 마차와 같이 여성용은 수레의 좌석 둘레를 차양으로 가린다. 차양이 없는 것은 남성용이다. 고분벽화의 수레 가운데에는 오늘날의 리어카와 같이 사람이 끄는 것도 있는데, 이러한 수레는 말 그대로 물건 운반용 기구에 해당한다.

수레(통構壁화), 사람들이 따라가는 것으로 보아 무차에 탄 사람은 귀중 부의 임이 틀림 없다. 수레 위에의 일 놀개를 펼는 듯 수레를 고급스럽게 꾸몄다. 한 사 동이 후미에 수레에 딸린 물건의 짐에 복을 갈발을 들어 취를 따르고 있다.

고분벽화로 본 고구려 이야기

초판 1쇄 발행 1999년 3월 20일
초판 8쇄 발행 2010년 4월 27일

지 은 이   전호태
펴 낸 이   홍 석
펴 낸 곳   풀빛
등   록   1979년 3월 6일 제8-24호
주   소   서울시 서대문구 북아현3동 177-5
전   화   (영업부) 363-5995 (편집부) 362-8900
팩   스   393-3858
홈페이지   www.pulbit.co.kr

ⓒ 전호태, 1999

지은이와 협의하여 인지를 생략합니다.
책값은 뒤표지에 표시되어 있습니다.

ISBN 89-7474-817-7 03910

잘 못 된 책 은 바 꾸 어 드 립 니 다

이 책은 대산문화재단·교보문고 양서발간 지원사업의 지원대상 도서입니다.